おひとり
京都の秋さがし

京都
KYOTO

秋季遊

柏井壽

柯依芸 譯

本書為《一個人的京都秋季遊》的改版書

目次

第三章 秋季的味覺饗宴

地圖製作——デマンド DEMANDO

推薦序

京都的秋天，要食人間煙火

作家　黃麗群

在京都，秋天做什麼呢？在此書裡，柏井壽背面傅粉，一句都不明說，明說，未免粗笨，失之不文。你要透過書中章節的安排，敘事的比重，再與盎然行走的《春季遊》對比，就能體會到一個婉曲而質樸的暗示：秋天，就是要吃嘛。

柏井壽筆下的秋天京都，不必渲染詩意境界，亦不必刻意求雅（畢竟京都哪個季節不詩意，又有哪個時候不雅呢，一點也不稀奇呀），反而更側重於「實」的快樂，是日本人的「食慾之秋」，要食人間煙火。這或許是人類漫長農業生活中殘留的意識，到了現代，大概也只有在京都這樣一心存古的城市裡，人與天地的切磋心得，季節的體感，才能真正透過傳統行事一手遞一手嚴嚴地接力下來而不僅徒剩形式。因此，楓葉或荻花或賞月等等，也不能說是不重要，書中也透露了風雅的口袋景點（甚至傳授你「入手」當地人私房資訊的技巧），但是，難免都有點以心造境的意思。

所以在柏井壽這本書裡，重點倒是如何豐儉由心地吃：不僅要吃，還特別要吃米；

不僅吃米，還要吃剛收穫的新米。米以外，也吃結實敦厚、金黃有光的東西，例如地瓜，栗子，都是大地之實。老先生對時下斷捨澱粉類的風潮不以為然。各種文化都有「養秋膘」以禦冬的說法，動物要滋養積蓄，多生皮毛，這是讓身體與自然恰如其分地唱和，不矯情鎮物，反而有真正的風致。不過關於這一點，柏井壽不多解釋，也不大說道理，講究的是會心。

然而滿腹的預備是為了讓霜雪吹過去，秋天肅殺不在季節本身，在於它的警告性質；而秋天的結實累累也有沉沉的預感，燃燒只是等待滅，愈歡樂愈破綻。

平安時期歌人小野小町，曾寫這樣的短歌：「秋夜之長／空有其名／我們只不過相看一眼／即已天明」，「秋夜」在這裡，可不能隨意代換為春夜夏夜冬夜，正要是秋，才能格外寫出戀情極豔的凋落之前，死生與之的深深貪欲，深深恐懼。故即使談旅宿，在秋天，柏井壽一開篇，便說的是搭住於寺廟的「宿坊」之行，不管這是有心或者無意，大概在這個季節，若沒有一些解脫與點化的因緣，不管楓葉再紅，銀杏再黃，名月再無瑕，到底仍是感到過於無助的吧。

前言

無人知曉的京都

秋天，是京都一整年看起來最熱鬧的時節。因此更想讓人單獨旅行。在嘈雜的人群間，獨自一人盡情享受京都的紅葉。

把距離稍微拉遠一點，也可以到近江、湖東三山等地，一個人尋覓私房紅葉。踩著沙沙作響的落葉，向古寺的佛像朝拜。沒有人催促，這裡有著靜謐的、靜謐的秋天。

不過，秋天的京都，就算不特別介紹，大多數的旅人應該也都心裡有底吧。各自鎖定情有獨鍾的紅葉，預約好目的地後，就出發去京都了。

有鑑於此，我便打定主意，要將真正的私房景點——其他旅遊書鮮少提及的、真正的祕境介紹給大家。讓大家也能一個人悄悄探訪「無人知曉的京都」。不過，這樣做肯定會招致京都人嫌惡吧！真是兩難。

京都總是瞬息萬變。在苦惱之餘，每天都有這種實際的感受。

過去，一年到訪京都的訪客目標定為五千萬人，雖然曾一度達成過，但隔年立刻下跌。近年雖已恢復，但仍令人擔憂。儘管有雷曼事件及新型流感等各種因素，但京都絕對已經接近飽和狀態了。

若把京都比喻成一升的容量，現在已經灌了接近一升的水了。若再超過，肯定會滿溢而出。我雖然這麼想，但上下一心、合力招攬觀光客的官方與民間似乎不這麼認為。

近來，他們彷彿意識到資源終究有限，現在計畫要從衝量轉換成品質了。我無意放馬後砲，比起毫無所覺，有所警惕總是好的。希望公部門能深切反省只看動員人數的價值。把五千萬人的目標減為四千人應該也不錯。最重要的是要讓造訪京都的旅客，覺得來到京都是很好、很愉快的事。

還有一件對京都人造成衝擊的消息在網路上流傳。就是京都街道地址的標示方法「上る」（往北走）、「下る」（往南走）正面臨被廢除的危機。因為用 GPS、Google Map、標準地圖搜尋時，人們不習慣京都獨特的「上る、下る」標記。

真是無言。在京都，「上る、下る」、「東入る、西入る」是不可或缺的地理標

示。沒有了這個，京都人連走路都不會，早已深深印刻在身體裡了，甚至連度量衡都無可比擬。這樣的背景，與前述的目標五千萬人並非毫無關係。無視品質只顧達成數字的結果，便造就了「上る、下る」的廢除聲浪。或許也可說是數位時代什麼都要求數字化的弊病。

與其增加京都觀光客的表象，若能致力於吸引真正的京都迷，應該就不會演變成這個局面了，情緒是無法數字化的。觀光客萬頭攢動的秋天，招攬者應深切地思考，在這個季節裡，何謂真正的京都？何者才是正確的京都樣貌？

雖說如此，招攬者多想也無益。秋天的京都，不只是紅葉，月亮、七草、美食皆各有值得歌頌的魅力。盼望各位能夠深深體會秋天的京都。

月亮，獨自仰望才格外澄澈；紅葉，一個人欣賞更加鮮豔；七草，自己才能用心深深體會。

一個人的京都之秋，既美麗又愉快。

第一章
秋季的節慶

玩月醉秋草

秋天想介紹給各位賞遊的景、物。從秋天的初始、盛時，以至尾聲，我決定以月、秋草、茶為主題來舉例推薦。

從人盡皆知的名勝，到內行人才知道的隱密地點，建議各位秋天務必一遊的地方。還會一併介紹該地非吃不可的美食「小店」，不是正餐，而是小甜點或合適的京都伴手禮，秋日之樂享不盡。

賞月

雪月花，或是花鳥風月。自古以來，日本人歌詠的四季變化中，第一名便是月亮。而說到秋天就會想到月亮，京都的月亮更是格外美麗。若幸運的能在月夜造訪京都，該去哪裡觀賞名月呢？不同於花與紅葉，不論在何處欣賞，月亮都是同一個。因此，能感受到差異的就是該處的氣息、氛圍以及舞台裝置了。

仿效「祇園小調」，以東山為背景也不錯，但若想追求質樸寂靜的風情，就是嵯峨野勝出了。日本三大名月觀賞地之一：**大覺寺**（地圖L）。映照在大澤池中的月亮，簡直就是幽玄的世界。在月色下，走在搖曳的竹林間，又是另一番風雅。

中秋月明之時，京都街上到處都有賞月的活動。

以科學層面來說，月亮都是一樣的，春天也好，秋天也好，其樣貌完全不會改變，但若加上非科學性的風雅，秋天的月亮就會變得格外特別。

以二〇一五年來說，中秋月明時分是在九月二十七日。預定其前後的活動就有：

嵯峨「大覺寺」大澤池：觀月之夕

下鴨神社：明月管絃祭

上賀茂神社：賀茂觀月祭

北野天滿宮：明月祭
八坂神社：觀月祭
平野神社：名月祭

大概是這種感覺。這些活動每年都會舉辦，各寺廟無不苦心設計。若想參加賞月活動，前述任一皆可。在熱鬧的氣氛中賞月也挺好。

但若想獨自一人靜靜地賞月，該去哪兒好呢？從背景美麗的「京都御苑」或賀茂川河堤眺望的景致也不錯，但我在此介紹與「月亮」淵源深厚的名勝，以及為了賞月而設備完善的建築。實際上到了當地，就算沒有賞到月，在該處想像看不見的月亮也是一種樂趣。

大澤池

桂離宮

月亮上有棵桂樹，不過不是在日本看到的那種，而是古代中國的傳說。月桂，或稱「月之桂」，在酒都伏見釀的酒也以此為名。

桂。似乎也有將月光稱為「桂」的說法。無論如何，月與桂具有很深的淵源，也有不少觀月勝地以桂為地名。修善寺的桂川、高知的桂濱，當然**桂離宮**（地圖M）也是其中之一。

「美到令人想哭。」這是德國建築巨匠布魯諾・陶德（Bruno Taut）參訪桂離宮時看到「古書院」、「月見之緣」所發出的知名讚嘆。不用德國人說，只要一度置身如此氛圍中，任何人都會作如是想。再回頭看看布魯諾・陶德所的著作《日本》（ニッポン），總覺得這說法有微妙的差異。

因為是德國的建築家書寫，由專攻德國文學的早稻田大學教授所翻譯，在兩人都已仙逝的今天，已無從得知何者才是正確，但書上寫道，「實在美得令人熱淚盈眶。」美到令人想哭，美得令人熱淚盈眶，程度是相當不同的。如果這個翻譯正確的話，感覺布魯諾・陶德是帶著諷刺的口吻說的，為了賞月竟然需要如此努力？曾對「日光東照宮」嚴厲批評的布魯諾・陶德，到底何者才是真心話呢？愈讀愈讓人搞不懂了。

儘管如此，一九三三年來到日本，後來流亡日本的布魯諾・陶德，使日本人再度認識到桂離宮之美，功不可沒。如果布魯諾・陶德沒有如此盛讚，桂離宮是否能獲得今天的評價呢？

可惜的是，因桂離宮是由宮內廳所管理，無法隨意參觀。不過反過來說，正因為有這樣的管理，才能永遠保有如此的美麗吧。

突然造訪是不得其門而入的，必須事前預約。住外地者可用網路預約，或郵寄明信片回函到宮內廳京都事務所申請。不過，若住附近亦可直接前往「京都御苑」，在御所西北角的受理窗口申請。幸運的話，也可能隔天就可以參觀了。

交通方面，最近的車站是阪急電鐵「桂」站，從車站可以搭巴士前往，但步行也花不了二十分鐘，參觀梯次一天分為六次。我去的時候，很幸運的是第一梯次，早上九點開始。心中滿懷著期待，不知道是不是太緊張了，感覺很口渴。

沿著桂川一直走，會看到圍牆，仔細一看，是細竹做成的圍籬。後來一問才知道，這稱為「桂垣」的圍牆，是將長在園區內的竹子彎向圍牆這頭，只用竹葉做成的。才剛開始就拜見了如此精緻的做工，接著這道「桂垣」會連接上常見的竹籬笆，從這裡開始通往大門。

首先要走上「御幸道」，再從「御幸門」進入。廣大的庭園設計成池泉回遊式，繞著池塘周圍邊走邊參觀。可惜無法進入建築物，故無法窺知拉門把手、壁紙、欄間（格窗）的圖案，以及襖繪（屏障畫）等教科書上看到的優異設計。不過，將近一小時的庭園散步，光是從外面欣賞書院等幾座建築物，亦能見識到桂離宮超群絕倫之美。

桂離宮是十七世紀初期至中葉左右，由八条宮初代親王智仁與二代親王智忠，父子兩代投注心血所興建的。其表露的「款待之道」，沒有前來參觀是無法實際感受到的。

從戰國到德川的時代，遠離政治的皇族將精力投注在日本文化的正統繼承上。也就是在建築、造園、藝能、茶道、料理等各方面，投注心力以守護傳承其正統的樣貌，桂離宮即是一例。雖是作為遠離都城的皇族別墅而建造，但其另一個目的是為了接待絕代天皇——後水尾天皇（後稱上皇、法皇）。

為了迎接敬愛的後水尾天皇，建造者費了多少工夫、絞盡多少腦汁？走在庭院裡便能感受到其用心的程度。例如：作為庭院的飛石（腳踏石）閃耀著櫻花色調的花崗岩，是智忠親王親自從六甲山系的住吉川精挑細選後運來的。這可是要從河川運到大海，再沿著淀川溯流而上運到桂地，這份用心可以說是相當執著。

漫步庭園中，當下所見到的每一棵樹、架在池上的石橋、燈籠、手水鉢等，在在都是為了取得後水尾天皇的歡心而竭力打造。儘管如此費心，後水尾天皇蒞臨桂離宮也僅僅兩次而已。

因此，造訪桂離宮時，就把自己當成後水尾天皇好了，邊走邊想像這是為我一個人所打造的庭園，一定更有感觸。坐在凳子上看到的鐵樹，令人一驚，比

桂垣

擬成海的沙洲、讓人聯想到燈塔的石燈籠，以及仿造天橋立的石橋，都是賞心悅目的巧思。雖說後水尾天皇只有蒞臨兩次，但想必他一定會喜歡的。

「松琴亭」、「笑意軒」等四座茶屋，往昔設有爐灶，可在客人面前製作料理。現在的開放式廚房或「草喰中東」[1]的方式，在距今超過三百五十年以前便已經有了。這些都可謂是款待之道。

「用款待的心來迎接。」這是在旅館的網頁或傳單上，老闆娘做作的笑容旁常會加上的文字，但只要曾造訪桂離宮，就會覺得那些話都是空談。因為所謂的「款待之道」，可不是那麼輕率的。

在桂離宮，雖對觸目所及之物屢感欽佩，但最極致的還是那股「內斂的功夫」。像是為了不讓人一眼看穿池塘的全貌而種了松樹。道路雖然只有些微的坡度，但加上和緩的彎度，看起來便猶如進入深山般；路再度遮住池塘，最後又變得寬闊，讓遠望池塘時的感動更是加倍。不會一開始就將全貌顯露無遺。

而且，不僅是自然，「笑意軒」的後面還種了水田，從插秧到割稻，將生活中的季節也化成了景色。

不過，既然建築物的內部都無法一窺究竟了，應該也不許參觀者待到月亮出來的時間吧，看來只能靠想像了。從「月波樓」往「書院」的月見台（賞月台）前進，眼中浮現了掛在東邊天空的月亮與池中映照的月亮，兩個月亮慢慢地越過水面的景象。無論如何都想親眼目睹的話，也可在流經桂離宮旁邊的桂川岸邊望月。

月缺了會再圓。月桂砍了會再生，永不乾枯。輪迴轉世、不老不死。賞月也能看出許多不同的想法。秋天的月亮真是格外的美。

✽中村軒：麥代餅✽

緊鄰桂離宮南邊建造的「中村軒」（地圖M㉝），就像是離宮的門前茶屋一般，參觀者幾乎都會進來光顧。大部分的人目標都放在名產「麥代餅」。樸素的餅菓子，很合大眾口味，長久以來深受喜愛，其名稱由來還挺有趣的。

古時，這一代的農家在插秧或割麥等農忙時期，就很喜歡將這家「中村軒」的餅當作充飢的點心，以現在的話來說就是外送，他們會貼心地外送到田地給忙於農活的人。不用說，當時當然是賒帳。

等到農活告一段落的半夏生[2]左右，店家就會去收取抵償糕餅費的麥子。也就是以物易物，從客人的立場來說，用麥子代替取得了糕餅，故稱為「麥代餅」。這真是悠然自得的時代中溫馨的佳話。

塞了滿滿紅豆餡的餅，再灑上黃豆粉的菓子份量十足。食量小的客人還有迷你版可選擇，相當貼心。

這家店的特色，總而言之就是糕餅種類豐富。想要買紀念品的話，大多會眼花撩亂，在店裡舉棋不定。樸素的餅皮，包著清爽豆沙餡的「桂饅頭」或「金鍔燒」最具人氣。秋季限定則推薦「古早味月見糰子」、「栗茶巾」、「柿羊羹」等。星期三公休，要特別注意。

名勝旁有名菓。

「中村軒」的麥代餅

銀閣寺

說到月亮，我腦海中浮現的，便是這個時期茶室中掛的詩句：「掬水月在手。」一掬起水，月亮就在手中。多麼風雅的光景。

在蹲踞或是手水鉢，雙手併攏拱起捧水，看著月亮倒映在水中，彷彿月亮就在我的手中似的。

這首詩還有後段：「弄花香滿衣。」賞玩花時香味便會沾滿衣裳。也就是說，如果什麼動作都不做，手中不會捧著月亮，花香也不會沾染衣襟，這是禪宗的教導。

賞月的名勝「慈照寺」，通稱**銀閣寺**（地圖A、D），是臨濟宗的禪寺。當然，「銀閣」是繼北山文化[3]的「金閣」之後由東山文化所建造。

建造者足利義政為逃離政治與妻子日野富子，選擇此地為隱居之處，所以並非誇耀權勢的豪奢建築，而是佇立在山麓的質樸山莊。

不過，諷刺的是，今日被稱為「銀閣」的「觀音殿」好不容易完工的隔年，足利義政便過世了。依照他的遺囑，銀閣被改為寺院，從「相國寺」迎來住持，以義政的法號命名為「慈照寺」。

造訪銀閣寺，最先映入眼簾的是名為「銀閣寺垣」的高聳綠籬，由冬春會開著紅花的山茶樹所組成。進入「總門」後，直走到「中門」前都可見到這種高大的樹牆。左右的樹牆設有段差，細長的道路筆直延伸，無法窺得園內景觀，使旅人越發期待，是極具效果的安排。走到盡頭後向左轉，終於看到了庭園與建築物，貌似「銀閣」的樓閣隱約可見。不過，這時突然躍入眼中的沙景，讓銀閣幾乎要從視野裡消失了。那就是小山丘般的「向月台」及「銀沙灘」。

望月之台。銀色的

銀閣寺垣

向月台

從銀沙灘眺望向月台、銀閣

沙。回過神來，口中竟哼起童謠「月之沙漠」來了。

我第一次知道銀閣寺與月亮間非比尋常的關係，是學者中村直勝著作的圖文書《京都的魅力》。當時讀國中時經常看漫畫，但也會買這種嚴肅的書。

書中有提到銀閣寺，他寫道，銀沙灘的上面之所以做成傾斜狀，是因為傾斜的部分會反射月光，映照在樓閣之上。不過這是我偶然發現的，（記憶中）是相當令人興奮的記載，雖然找了很久，但不知道收到哪裡去了，手邊沒有資料，無法斷定。不過，我還記得當時為了這個「世紀大發現」而興奮不已的感覺，應該不會錯。

而且當時的我為了確認這件事，立刻跑去銀閣寺，實在是個怪怪國中生。然後這個國中生便盯著銀沙灘直到夕陽西下。不管怎麼說，沙子應該都不可能反射月光照到樓閣上的吧。

不過書中寫道，沙子所反射的月光照亮了樓閣的天花板，天花板上貼的銀箔再度反射，照亮了樓閣的整個房間。無法進到樓閣裡確認，但銀沙灘看來看去，我覺得一定不可能。

不過，中村先生身為代表京都的歷史學家，是幾乎無人不知的知名學者。我越想越搞不懂。再說，向月台及銀沙灘都是江戶時期所造的，當然跟義政是不可能有關聯。

當時我家附近，與中村直勝先生住的居所屬於同一個街廓。當然不可能認識。看著那別具風格的門牌，好幾次都想登門拜訪，卻總是躑躅不前。直到很久之後，我才發現那是追尋史實的歷史學家所懷抱的浪漫情懷。年少輕狂。當時的我覺得真相只能有一個。現在則是兩個也好，三個也罷，再誇張一點，什麼是真相，應該也無所謂了，真相就交給專門的學者去探索即可。

這件事成了我造訪名勝、揣測古人想法的基礎。

東求堂

我學會了用科學分析當然很重要，但汲取古人的心思、帶著觀察前人的心也很重要。有時就算是非科學性，無法用史實證明也沒關係。在訪古尋幽時，心中要記得吸收先人的想法，我至今仍如此深信。

曾遭祝融之災的銀閣寺，從室町時期留下來的只剩「銀閣」與「東求堂」。「銀閣」正如照片中常見的，是兩層式的建築，屋頂用薄木板交錯疊成，稱為杮葺。貼有白色和紙的拉門令人印象深刻。東求堂則是建在銀閣對面的平房。原本是要建為阿彌陀堂，但被義政作為品茗、讀書、沉思之處。名為「同仁齋」的四疊半房間，也可說是茶室這種風格的原型。

「侘寂」這種內省式的、極為日本式的思想，便是從東求堂開始的。我帶著這份感慨漫步在庭園中。

洗月泉

眼下的庭園看似平坦，一往裡面走卻突然出現了山路，變成相當陡的急坡，原來庭園是兩段式構造。前方有座名為「錦鏡池」的大池塘，其中還有小島。架在池上的七座橋，造型各異，景色也隨之不同。是一變化萬千的庭池。

池塘深處的小瀑布，名為「洗月泉」。所到之處盡都是「月」。回頭向北走，爬上東邊的山路，爬上山頂，面向西邊，可俯瞰遠處下方的「銀閣」。很容易地就能登高，從這裡遠望的義政，心中想的是什麼呢？

由上往下俯瞰的「銀閣」

義政以「西芳寺」為範本設計了這座庭園。由夢窗疎石[4]創建的西芳寺禁止女人進入，雖然貴為將軍，但仍無法使自己的母親欣賞到名庭之美，所以才興建了銀閣寺。義政仿造西芳寺的庭園，或許就是為了讓母親重子欣賞。

想逃離妻子富子的心思，激起了對母親重子的思慕，義政打造的庭園似乎帶有這樣的想法。或是因為「月亮」象徵母親。年僅八歲就被選為將軍，元服（成年）時正式就任八代將軍的足利義政，晚年之後，將對身為側室的母親重子的想念，寄託在庭園以及銀閣寺上。

義政將「銀閣」也就是「觀音殿」的第一層，命名為「心空殿」，第二層命名為「潮音閣」，或許可視為這是他回歸母體的表現。銀閣寺因為夜間關閉，所以無法在寺院境內賞月。離開銀閣寺後向西走，從哲學之道稍微往南走，沿著步道設置的板凳是特等座位，可以靜心賞月。

✽喜味家：豆寒天✽

月亮與甜食黨，出乎意外的絕配。銀閣寺的附近也有嗜甜者會喜歡的店家。

由銀閣寺的參道向西，沿著哲學之道往南走。順著小小的溪流，在第一個轉角向西，遇到鹿谷通後再往南走一點點，「喜味家」就在西邊（㐂み家，地圖D⑫）。

酷熱的夏天有刨冰，徹骨的冬天有「善哉」（年糕紅豆湯），都深受喜愛，但一整年的名產還是「豆寒天」。

紅豌豆淋上黑糖蜜的復古甜點「豆寒天」，這種偶爾就會想吃的美味代表，想吃的時候，卻幾乎找不到菜單上有這道的店家。東京的老街常見到，但在京都卻常想不起來哪裡有在賣。

我邊回憶著淺草的「梅園」或「梅村」的味道，拉開了「喜味家」的門。

豆寒天有紅豆餡、白玉（湯圓）、香草冰淇淋等各種口味，但我推薦有紅豆餡及冰淇淋的「丸豆寒天」。紅豌豆與寒天兩種嚼勁，與紅豆餡的甜味融合在一起的獨特口感。再將之包裹起來的香草冰淇淋香味濃郁，連不喜甜食的我都能一下子就吃光光。「豆寒天」還能外帶，在旅館裡當作飯後甜點也很不錯。

十一月中旬開始出現在菜單上的「京風白味噌雜煮」（年糕湯）是隱藏版人氣美食。就算不是正月時節，美味也絲毫不變。白味噌雜煮配上迷你豆寒天只要一千日圓，當作午餐份量也很足夠。

丸豆寒天

萩花

「今年真的好熱。」
「就是啊！感覺每年越來越熱了。」
「不過，早晚有比較涼了。昨晚還有點冷呢！」
「終於。『梨木』的萩花也開了吧！」

都大路結束了漫長又炎熱的夏天。早上散步中相遇的鄰居，似乎對秋天的來訪感到鬆一口氣。開始吹起秋風的京都，不熱也不冷，紅葉還早、人潮也少，或許正是最適合觀光的時節。

梨木神社：萩花祭

京都的秋日，就算沒有紅葉，仍有許多值得一看的地方。尤其是花。京都的秋日，涼爽的風中搖曳的花，在各處的寺院競相爭豔。前述對話中提到的「梨木」神社，便是代表之一。

作為京都市民休憩的場所，長久以來為人所熟悉的「京都御苑」，因天皇陛下一家暫居東京才得有的悠然時光。進入京都御苑東邊的「清和院御門」，往北走即可看到**梨木神社**（地圖E）的石鳥居。這裡因萩花聞名而有「萩之宮」之稱，每年九月的第三或第四個週日

梨木神社

常林寺的萩花

前後，會舉行萩花季。

萩，草字頭加上秋，如字面所示，代表著秋天的來臨。可愛的小花，萬葉集中也有很多詠萩的詩歌，可愛的模樣，有著西洋花絕對看不到的幽然淡雅之姿。散落地面的花瓣，如此美麗絕無僅有。

神社境內的萩花綻放，詩箋隨著秋風搖曳。被風吹散的花瓣飛舞上騰，掠過詩箋。書寫平時生疏的俳句，也是參加梨木神社萩花祭的樂趣之一。

若梨木神社是萩花神社，那靠近鯖街道的入口，座落在川端通上的**常林寺**（地圖B）就是萩花寺了。

常林寺山號「光明山攝取院」，主祀阿彌陀三尊，是淨土宗的寺院。原本位於距梨木神社更近的寺町荒神口，但因被大火燒毀，便於元祿十一年（西元一六九八年），即發生赤穗事件的四年前遷移到現址重建。本來的舊址即是萩花勝地，故梨木神社附近應該原本就是萩花的叢生地。

九月中旬到下旬是歷年來萩花的賞花時節。每年都稍有差異，建議事前洽詢為宜。

常林寺境內的「地藏堂」安置有「世繼子育地藏尊」，為來往鯖街道的旅人所篤信，連遠渡重洋旅行的勝海舟[5]，也常投宿在這裡。是溫柔地守護旅人，保佑旅途平安的地藏菩薩。

不負「萩之寺」盛名，寺境內遍滿了萩花，甚至要將萩花撥開才能往前走。淡紫色的小花惹人憐愛，旁邊有鮮紅色的彼岸花點綴，白色的也很美。接連賞萩不亦樂乎。

野呂本店：秋季醬菜

近年來，作為伴手禮的京都醬菜（漬物）深受歡迎的程度，令人感慨難道都沒有別的京都紀念品了嗎？從群雄割據的老字號醬菜店到剛開幕的新店，搭上京野菜的風潮，皆銷路狂飆賣到缺貨。不過照例真品還是很少，要特別注意。如果

野呂本店

是因材料有限而堅持不多展店的「野呂本店」（地圖B⑨）那倒可放心。

旅人自不待言，連在地人、京都人都喜愛的醬菜。帶這個回去當伴手禮就大可安心了。

大黑屋鎌餅本舖：御鎌餅

「大黑屋鎌餅本舖」（地圖B⑩）的銘菓。雖說是連江戶時期的平民都曾嚐過的古早味，但單純的餅菓子與豐收的秋天又有何關聯呢？答案就在這糕餅的形狀。模仿秋收鐮刀的餅果子，是祈求豐收的開運食物。

御鎌餅味道纖細淡雅。比起銳利的鐮刀，更令人聯想到低垂著頭、柔軟的稻穗。帶著細甜香軟的餅菓子回旅館享用，對豐收的秋天更有感覺。

大黑屋鎌餅本舖

秋之七草

平安神宮

「芽之花 乎花 葛花 瞿麥之花 姫部志 又藤袴 朝皃之花」。

自山上憶良[6]在《萬葉集》歌詠開始，便有了秋天七草之說。與春天食用的七草不同，秋草僅供觀賞所用。分別是：萩（胡枝子）、尾花（芒尾草）、葛花（葛藤）、撫子花（瞿麥）、女郎花（黃花龍芽草）、藤袴（蘭草）、朝顏（桔梗）。最後的朝顏，有桔梗、朱槿或牽牛花等多種說法，目前大多認為是桔梗。這些都不是爭奇鬥豔的花。

在秋風中搖曳的草，就像之前提到的萩花，虛幻又銘刻於心，七草常見個別叢生，卻少有七種湊齊在一塊兒。為紀念遷都一千一百年而興建的平安神宮（地圖D），其神苑種有齊全的秋之七草，卻意外地鮮為人知。

神宮道。從紅色大鳥居往北走，踏著細砂進入「應天門」。在建於本殿前的「大極殿」參拜後，可從左手邊的「白虎樓」進入神苑。圍繞著社殿的神苑，分成東西南中四個部分，是個全部合起來廣達一萬坪的大庭園。由一代造庭師小川治兵衛打造的庭園，就算逛上一整天也不會膩。

這位小川治兵衛，又稱為「植治」，是位多偉大的造庭師呢？他在平安神宮的東邊，散布在岡崎附近的別墅中，留有許多名園，而且每座庭園在他高超技術的施展下，姿態各異。這座是植治打造的，那座也是植治的作品。若是生在現今，肯定已然超越一名職人的專業領域，以藝術家之姿備受讚賞。我感嘆地繞到本殿的後面，反方向先往東邊走。

神苑中佔地最廣的是「東神苑」。造於「棲鳳池」上的「泰平閣」最值得一看。望著右手

東神苑・泰平閣

邊的池向北前進，寬度會愈來愈窄，到了前面則改名為「蒼龍池」。架在上面的橋是「臥龍橋」。池中設有飛石，踏著飛石渡池也挺有趣。

最後池水會繞過本殿的後面，蜿蜒細長。從後門往西流，又再度改名為「白虎池」，那裡就是「西神苑」了。東蒼龍，西白虎。可見這座神苑是以風水思想為基礎建造的庭園。原本桓武天皇會將平安京奠基於此，即因此處是風水思想的四神相應之地，奉祀桓武天皇為主神的「平安神宮」會有如此安排，自是理所當然的了。

西神苑

池水再次變得細長，在「南神苑」蜿蜒而流。此處庭園一角的亭子附近，種有「秋之七草」。因花期不同，無法一齊綻放，但已可盡情享受那股風情。「南神苑」另一可看之處，是種在入口附近的垂枝櫻花。但秋天是看不到花的。期待著春天的再訪，抬頭一看，想像紅色的串串垂枝浮現在眼前。以文豪谷崎潤一郎[7]式的說法就是「馬上蔓延整個夕空

秋之七草

Chinchin 電車

的紅雲」（出自《細雪》）。《細雪》的女孩們為了這株櫻花可是等了整整一年，咱們等個半年不算什麼。

神苑最後的景點是「Chinchin電車」。至於為什麼這裡會有電車？乃因這是使用琵琶湖疏水道發電的日本最古老電車。電車似乎在此對旅客訴說著琵琶湖與京都間無法割捨的關係。

再談到神苑。原本正確的遊園方向是從南神苑開始，向西、中、東前進的。為什麼呢？因為這是座依據前述陰陽道的思想所建造的庭園。

「南神苑」的樹木茂密、幽暗蒼鬱，是為「陰」。從這裡開始，向西、中前進，漸漸會變得明亮、寬闊，最後迎接旅客的是廣袤的「東神苑」。從「陰」入「陽」的巧妙安排，看準了人們都想要以光明終結的心理。而我明知這是植治的精心巧思，卻硬要逆向而行是有理由的。春天的話一定會想順向而行，從「陰」入「陽」，心情上也從幽暗的冬天進入明亮的春天。可是秋天我想要來點不一樣的。

熱情如火的夏天終於結束，寂寥的秋天來臨，然後必然會連結到漫長的冬天。京都冬天的嚴寒總是附帶沉重陰暗的天空。為了將這種感覺銘記在心，秋天造訪平安神宮時，我決定要逆向參觀神苑。

九月的話是五點半前入園，十月是五點，過了十一月，四點半入園已是最後期限了。可以的話我想在期限之前穿過大門，伴著夕陽在神苑內漫步。一定別有感觸。

垂枝櫻花

La Voiture：反轉蘋果塔

離開「平安神宮」往西走，遇到疏水道後向北走。不久就可在西邊看到「**La Voiture**」（地圖E⑬）。以現在的話來講是咖啡館，但對很久以前就經常光顧的我而言，是喫茶店（日式老咖啡館）。原本的店主老夫妻已退出一線，現在由孫女繼承，是非常京都的一家店。

京都長久以來都是學生街，充斥著喫茶店文化。但不是說咖啡的味道如何，或是蛋糕有多美味，而是學生們相信聚集到某家店，就是一種文化。其中的一家店便是「La Voiture」，與當時位於北山通，激進青年們聚集的「OAK」並稱雙雄。

La Voiture 有名的是「反轉蘋果塔」。塔皮上鋪滿了燉蘋果，再淋上優格。酸酸甜甜的香味在口中散開來，令人懷念的滋味。向來對甜點蛋糕類敬謝不敏的我，連六百九十日圓的價位是貴還是便宜都沒概念，也能把「反轉蘋果塔」吃光光。

La Voiture 的反轉蘋果塔

戲火祈豐收

時代祭

✽天皇的「高御座」與京都人✽

即使我家已連續四代長居京都，但從悠久的京都歷史來看，不過滄海一粟。因此，明治時代天皇旅居東京後，京都的空虛氣息並未傳達到我家。當時雖有紀錄提到那份沮喪難以言喻，但我卻難有實感。連明治時代出生的祖父，都是在京都恢復自信後不久才出生的。

東京遷都。為了給沮喪無力的京都人提供心理上的慰藉，明治二十八年（西元一八九五年）遂打造了「平安神宮」。在建都一千一百年的大日子，同時也創建了「時代祭」，一舉躍升為「京都三大祭」之一，真是一氣呵成。京都由「守」轉「攻」就是在這個時期。

天皇並非移居東京，不過將東京當作「行宮」，京都人如此說服自己得以重新振作。他們深信只是暫居那邊，一定會回到京都的。這也未必只是空談或白日夢，有一件事可以證明，那就是「今上天皇即位之禮」（現任天皇即位大典）。

平成時代的今日，說到皇居，誰都會想到位於東京，但從日本自古以來的思維來看，皇居現在指的仍是「京都御所」。因為，獨一無二顯示天皇正式所在地的「玉座」——「高御座」並非在東京，而是安放於京都御所的「紫宸殿」。時至今日平成二十七年（西元二〇一五年）仍未改變。這就是「京都御所＝皇居論」的根據。

因此，連明治時代以後，即位大典也一定是在安放「高御座」的京都御所舉行。走過昭和天皇駕崩的哀傷，京都人屏息等待今上天皇的即位大典在哪裡舉行，結果事與願違。官方以安全戒備為由，宣布將「高御座」運到東京舉行。

明治時代以來，京都人再次陷入沮喪。許多京都人心想，「高御座」被移到東京，恐怕再也不會送回來了。不過，即位大典結束後，竟然又被送回京都了。失而復得的欣喜難以計量。雖然不至於提燈遊行，但許多京都人都舉杯慶祝。

雖然說了這麼多，但不知道這些背景的話，就無法真正理解「平安神宮」與「時代祭」的定位了。不喜新事物的京都人，會重視算是新的平安神宮與時代祭，很明顯地是衷心希望平安京不會就此中斷，得以連綿不絕。

✽市民都能親近的「時代祭」✽

再來談談「時代祭」。作為平安遷都一千一百年的祝賀活動而創建，才剛過了一百年。同為「京都三大祭」的「葵祭」及「祇園祭」皆有輕鬆超過千年的歷史。無意彌補時間的差距，其重要性也無法改變。這是給市民參加的祭典。一開始只有五百人，不知不覺間就變成超過兩千人的大遊行。這就是新的「時代祭」得以稱為京都三大祭之一的原因。

經辦祭典的是稱為「平安講社」的市民組織，今後會用什麼形式來炒熱祭典，用這種角度來觀賞祭典也是一趣。京都三大祭的另外兩個也不能說沒有市民參加，「葵祭」的齋王代、「祇園祭」的稚兒，都是每年從市民間遴選的。兩種祭典的發表都是引人注目的話題，今年是誰擔綱重任呢？在答案揭曉前都是京都人熱衷的街談巷論。不過，這都是要「萬中選一」，並非多數的市井小民所能勝任。齋王代也好，稚兒也好，能夠擔任如此重責大任者也需要有相對的心理準備。時間上的限制自不待言，經濟上、精神上也必須承受相當大的負擔。

因為不是人人都可勝任，所以會從某些限定的人選中選拔。發表時，京都人會聚在一起，發出果然如此的讚嘆，是相當適切的選拔。許多民眾會帶著某種憧憬，看著遊行隊伍，期待著也能參加。與之相比，「時代祭」的遊行隊伍讓京都人感覺比較親近。不若祈求五穀豐收的「葵祭」，或祈求消災除病的「祇園祭」，時代祭在儀式上的意義較淡薄，也是理由之一。

鞍馬火祭

另一方面，鞍馬火祭是由岐神社（地圖J）的例行大祭典。被歸為京都三大奇祭之一。

其他兩個分別是今宮神社的「夜須禮祭」，及太秦廣隆寺的「牛祭」。這三座寺院以東南方位幾乎可排成一直線，故亦有三大奇祭與守護鬼門有所關聯之說。

平安時代的後半，平將門開始在暗中蠢蠢欲動時，朱雀天皇將平安京內裡奉祀的「由岐明神」遷到鞍馬，便是由岐神社的起源。而為了迎接遷宮的長長隊伍，將長在鴨川的蘆葦做成篝火，據稱就是「火祭」的由來。因此這裡擁有超過千年的悠久歷史。

通往鞍馬的路很小，道路或鐵路平常應該夠用，但一年一度要容納從各地湧入的人潮，就令人有點擔心了，建議祭典當天早點進入鞍馬。下午三點過後，附近的道路會發布通行限制，唯一的鐵路叡山電鐵「出町柳」車站人潮洶湧。小小的兩節車廂，只有這天會加開班次，但若超過可進入鞍馬村落的人數，往鞍馬的車票就會停止販售。回程也一樣擠滿了人，所以要看這個祭典可得有相當的心理準備。

祭典約在晚上六點左右開始。配合著「祭神儀式

由岐神社

開始」的口號，各村落將聚集的火把點燃。先是由小孩舉著小火把，接著是青年扛著大火把，邊喊著「Sai-re、Sai-ryo」（祭禮呀、祭禮），邊從村落緩緩朝著「御旅所」[8]前進。

到了八點左右，大火把開始向鞍馬寺的門前邁進。來自各居民組織的火把齊聚門前的景象相當壯觀，與優美的時代祭隊伍形成強烈的對比。切斷石階後面的注連繩，將神輿放下來，便即將進入祭典的高潮了。在村落內緩緩前進的神輿最後會被安放在「御旅所」，獻上神樂（祭神音樂），手持神樂松明（火把）遶境，迎接祭典的最高潮。這時大概已經過了午夜，大部分的觀光客也準備回程了，但實際上祭典還沒結束。

「祇園祭」載著主祀神明的神輿會安放在「御旅所」一週，但鞍馬的神明可能性子比較急，只停留兩小時左右，很快地就回到神社了。神輿返回的「還幸祭」，是在凌晨兩點舉行，四周已完全被黑暗籠罩。草木皆休的深夜三點，神明結束了短暫的旅程，返回神社。真不愧是奇祭。

其實「火祭」與「時代祭」都是在十月二十二日舉行，同一天舉行兩個代表京都的祭典，真是不可思議。桓武天皇從長岡京遷都，進入京都這個值得紀念的日子，說起來也就是京都的生日。京都從這一天開始，也湧入了觀賞紅葉的觀光客。暴風雨前的寧靜中，奇特的火焰在鞍馬的山間搖曳。

杉杉堂：山椒餅

在東京用餐時，若說有什麼傷腦筋的事，就是沒有常備調味料山椒。鰻魚店裡是有提供，但蕎麥麵店常常就只有七味。

京都人吃什麼都要加山椒。鰻魚當然不用說，天丼、親子丼、豆皮烏龍麵、醬菜、馬鈴薯燉肉等，也都要沙沙沙地灑上山椒粉。現在以京都伴手禮聞名的「山椒小魚」少不了山椒果實，最近「花山椒牛肉壽喜燒」也因是稀少鍋物而大受歡迎。多山的京都，山椒樹隨手可得，人們很自然地摘下新芽當作佐料，結了果實就煮成佃煮。雖然是京都到處都看

杉杉堂

得到的樹，但說到名產地還是鞍馬最佳，連用山椒果實燉成的料理都被稱為「鞍馬煮」。

山椒顆粒雖小卻奇辣無比，鞍馬感覺與甜食無緣，連山椒做的饅頭都有。

從鞍馬車站起行，沿著參道馬上就可看到「**杉杉堂**」（地圖J㉜）。金鍔燒、新粉糰子等，懷念的古早玻璃盒內擺著樸實的點心。其中格外吸睛的是山椒餅。乍看不過是普通的餅菓子，但入口後滿滿的山椒香味在嘴中化開來。一個一百一十日圓。帶有少許顆粒的紅豆餡甜味與山椒的香味均衡絕配，質樸的山間氣息餘韻猶存。這款和菓子適合將因「火祭」燃起的高昂情緒和緩下來。祭典開始前記得要來買。

開爐的季節——茶

進入秋意濃厚的十一月後，終於要開爐了。對精通茶道的茶人而言，就像是過新年一樣，是以煥然一新的心情迎接茶的季節。京都與茶，再也沒有如此相配的了。近年突然在市面上大為風行的瓶裝茶，也是以京都為形象的產品最有人氣。

京都人的確很喜歡茶，但並不只是單純喝茶，而是「享受喝茶時光」這種精神層次上的喜歡茶。以形式呈現出來便是「茶道」。將喝茶的時間提升到「道」這個層次的文化，茶道總本山的三千家家元（掌門人）都在京都，也成了京都人的心靈根據地。帶著親暱與尊重稱呼表千家、裏千家、武者小路千家這三千家為「表桑」、「裏桑」、「武者小路桑」的京都人也不少。

從堀川通往東走上小川通，便可感受到這種氛圍。

京都人說到「茶」時，根據該場合的氣氛，有兩種意思。一是當作飲品的「茶」，另一則是茶道的「茶」。品茗的「茶」，最好的時節是在初夏，新茶的季節。但茶道的「茶」，則是在秋天，稱為茶正月（茶人新年）的季節。

亥子餅

收起夏天的風爐，終於到了要開爐的時候了。通常在農曆十月第一個亥日舉行。以平成二十七年（西元二〇一五年）來說，就是十一月十九日。這個季節的和菓子稱為「亥子餅」。

洛中的許多和菓子店都會在這天賣這種和菓子。這不只關乎茶道，也與市井小民的民間信仰有關。從古老的平安時代便有「御玄豬儀式」的宮中活動，以祈求無病消災與多子多孫。所謂的「御玄豬」，就是搗「亥子餅」的儀式，搗好的餅會賞賜給百姓，之後便演變成在一般亥日食用「亥子

護王神社的狛豬

餅」的習慣。

雖是古老的故事，但今天在京都這個習慣仍根深蒂固。位於烏丸通、蛤御門前的護王神社（地圖F），每年都會舉行「亥子祭」，重現「御玄豬」的儀式。護王神社別名「野豬神社」，迎接參拜者的不是狛犬，而是狛豬，真是奇特。

茶、豬與神社，能解開這個淵源的關鍵人物是和氣清麻呂。

「護王神社」主祀和氣清麻呂，原本位於高雄的「神護寺」境內。後將祀奉和氣清麻呂的靈社升格遷移至御所附近，改成現在的「護王神社」。

那麼，為什麼和氣清麻呂會跟豬扯上關係呢？這是因為和氣清麻呂要前往九州豐後國的「宇佐八幡宮」時，數百頭豬出現為他指路之故。而且據說豬群不只指點迷津，還治癒清麻呂的舊疾腳傷，因此豬變成腰腿的守護神。

護王神社的清麻呂像

再來談談與茶的關係，豬與茶。這個緣由來自「高雄」。清麻呂的靈社原本位於高雄的「神護寺」。茶的起源便出自其附近與「神護寺」淵源深厚的栂尾「高山寺」（地圖K）。

建仁寺與高山寺：榮西禪師的故事

遠渡中國宋朝，第一個將茶帶回日本的是臨濟宗的開山祖師榮西禪師，厥功甚偉。榮西在平安末期，因想前往印度而進入宋朝，將喫茶文化帶回日本。

談到榮西禪師，可不能忘了**建仁寺**（地圖E），這裡留有歌頌榮西功績的石碑。榮西禪師又被譽為「茶祖」，著有《喫茶養生記》，說明茶的效用。而有別於實際喫茶的實用性效用，榮西將喫茶的作法傳給建仁寺，現在仍保存在該寺，即是由方丈舉行的茶禮。茶禮後來就成了「茶道」。

第五章還會再詳述栂尾的高山寺，這裡有日本最古老的茶園，境內立有「日本最古之茶園」的石碑。

而用榮西禪師惠贈的茶種建設了這座茶園，後來移植到宇治拓展成茶田的便是栂尾高山寺的明惠上人，他過去曾在神護寺出家，其師父曾盡力復興該寺。以鳥獸人物戲畫聞名的高山寺，也是宇治的發祥地。

京都的茶文化根源、兩間寺廟的石碑，皆值得一看。和氣清麻呂到榮西，再到明惠上人。從茶發展成茶道的過程中，其中的一個環節便是「亥子餅」。一顆小小的和菓子背後，竟埋藏了這樣的歷史，這就是京都。永不厭倦的趣味。

就算不會沏茶的手法，在京都也有很多機會參加茶會。如果不會按照禮法規矩喫上一碗茶，就稱不上是真正的京都人了。即使嘴上說自己笨拙，但若不能好好收拾茶席、欣賞茶道具，就不能算是夠格的京都人了。到京都來旅行，希望您最少能學點舉止動作。

茶，是人與人之間相交不可或缺的。共享一碗茶，能使彼此心意相通、知己知彼，這就是京都人的「茶」。了解茶的歷史、學習茶的作法、品嚐茶的滋味。

茶道綜合資料館

茶道表千家、裏千家座落在小川通上，靜謐中散發著雍容的氣息。或許還會與身穿和服前往稽古（練習技藝）的女性錯身而過。學習茶道是住在京都不可避免的，而且不單只是學習作法，也要學習身為京都人的舉止動作。

花嫁修業（新娘課程）這個名詞可能已經逐漸成為死語了，但就算不說，現在仍保留在京都的街上。不論嫁到什麼樣的家去，為了舉止得宜，熟悉茶道可說是必須的。能窺見傳統技藝的些許氣息，也是京都旅行的趣味之一。從前往稽古的京都女性認真的眼神中，可以看到京都的真髓。在任何地方看到的都一樣，趕往宮川町歌舞練場的年輕舞伎也帶著相同的眼神。花街柳巷及宗家，都是京都街上不可或缺的景象。

這座「裏千家茶道綜合資料館」（地圖C），可不只是收

茶道綜合資料館

藏資料的機構而已。只要七百日圓的入館費，還可體驗茶湯。說的俗氣一點，在京都街上若想要品嚐當季的和菓子搭配抹茶，至少都得花上一千日圓。也就是說，這是在行情價以下就能享用宗家掛保證的茶與菓子的好方法。我們的目的當然不只有這樣，可以閱覽數萬冊關於茶道的貴重書籍，才是最崇高的目的。

一保堂茶舖：粉茶「花粉」

許多京都人都有自己喜愛的茶屋。但不是祇園的那種，而是販售作為飲品的茶。京都街上有名沒名的無數茶屋櫛比鱗次。對旅人最方便的應該就是寺町二条附近的一保堂茶舖（地圖E⑭）了。

拙著《京料理的迷宮》（京料理の迷宮）中，曾介紹過這家店的氣氛與「煎番茶」。抹茶、煎茶、番茶。同樣的茶葉卻

一保堂茶舖的花粉

可衍生出各種不同的茶，並因應氣氛或目的分別運用。正式的場合當然是抹茶，想提振精神時要稍微濃的煎茶，想悠閒放鬆時則要番茶。各自區分不同的滋味，讓喝茶的時光更加豐富。

這次要介紹的是粉茶，名字也很可愛，叫做「花粉」。所謂的「粉茶」就是壽司店提供的茶，吃完壽司後，師傅中氣十足地喊道「請用茶」，同時端出熱熱的苦茶，讓客人將口中的腥味漱洗乾淨，那種茶就是粉茶。

「花粉」，是將煎茶及柳（大片茶葉）的碎屑收集起來做成的，只要放入濾茶網再沖入熱水即可。入口後的餘韻清爽，已經在壽司店證實過了。用餐後來杯「花粉」，請務必一試。秋夜漫漫，餐後沏杯「花粉」，享受靜謐的時光，是再好不過的秋季名產了。

1 餐廳「草喰中東」，讓客人在吧檯前可看見爐上的現烤香魚，參閱《京都：夏季遊》第一三四頁。

2 從「夏至」算起第十一天，也就是七月二日左右，至七夕七月七日之間的五天。

3 北山文化為室町時代初期文化，十四世紀末—十五世紀前半。以三代將軍足利義滿的北山山莊為代表。東山文化為室町時代中期文化，以八代將軍足利義政的東山山莊為中心。

4 夢窗疎石，西元一二七五年—一三五一年。日本鎌倉時代末期至室町時代初期著名佛教臨濟宗僧人。

5 勝海舟，西元一八二三年—一八九九年。日本幕末政治家，留學美國學習海軍軍事，江戶幕府海軍負責人，是使江戶無血開城的關鍵人物。

6 山上憶良，奈良時代初期的貴族、歌人。

7 谷崎潤一郎，西元一八八六年—一九六五年。日本著名小說家，代表作有長篇小說《春琴抄》、《細雪》，《細雪》描述一九三〇、一九四〇年代，上流世族大阪船場家姊妹們的故事。

8 神明巡幸途中休憩的場所。

第二章

祕境賞紅葉

春天賞櫻，秋天賞楓。兩者都是上天賜予的繽紛色彩。不同的只是時間吧。櫻花是在轉瞬間綻放，不一會兒又散落消失。從這點看來，紅葉的觀賞期就比較長了。

春天從鄉間開始，秋天則從山裡來。九月中旬，京都仍籠罩在酷暑下，北海道大雪山旭岳便捎來了紅葉的訊息。與櫻花前線眨眼間就席捲日本列島相比，紅葉卻如羊群一般，緩慢而悠長地染紅了日本。

紅、緋紅到深紅，慢慢地上色，漸漸地加深，最後才終於凋落。我覺得櫻花開始凋謝時最好，紅葉則是開始變色時最佳，但這當然因人而異，各有所好。依造訪時期的不同，值得一看的紅葉也不同。

說到紅葉，再沒有像京都如此相稱之處了。從黃色、紅色到深紅色，隨著時間的遞嬗，京都紅葉充分展現了嬌豔的姿態。如此繽紛的樹木，在春天是什麼樣子呢？新綠時的雨中姿態又是如何呢？眼前秋天的絕景，讓我幾乎想不起來。所以人們才會為京都的紅葉如此著迷，吸引大批人潮聚集到樹下。真是具有動員魔力的紅葉。

與食物一樣，紅葉也有初始（走り）、盛時（旬）、尾聲（名残り）。剛才有提過，紅葉是從山裡開始的。初始紅葉染紅山麓，盛時紅葉在街上大放異彩，紅葉的尾聲則要費心去找，在不同的地方，享受的方式也不同。十月中旬過後，在感受到臘月的氣息，開始準備過年之前，請盡情享受京都的紅葉。

找到隱藏版紅葉的祕訣

紅葉的大敵在於人潮。若是華麗的春櫻，擁擠的人群可能是一種樂趣。但難得的單獨旅行，想要靜靜地觀賞紅葉，卻聽到驚呼聲此起彼落，手機鏡頭瞄準紅葉的陣仗遮住了視線。如果可以的話，希望能在靜謐的氛圍中，沉浸在紅葉美景裡。不過，在觀光勝地的京都，要找到這樣的地方並不容易。在此就根據我長居京都的經驗，介紹幾個訣竅給各位。

隱藏在著名寺社的附近

第一個方法不僅限於紅葉，也適用於櫻花，

安祥院的山櫻

沒有特別目的時也無妨，在無人不知的著名寺院旁邊，彷彿經過精心規劃似的，必定有值得一看的寺廟或神社。

例如：前往清水寺的參拜路上，便有座安祥院（地圖H）默默地佇立著。這是供奉京都人暱稱為「日限桑」（日限さん）的地藏寺院，腹地雖小，但山櫻的枝枒延伸到本堂的前庭，櫻葉開始變色時便成了一幅難以言喻的美景。

不僅如此，這條參拜路上熙熙攘攘的人群，對這小小的山門瞧都不瞧一眼，只是一個勁兒地邁向「清水寺」，每次我造訪時總會感嘆真是可惜。的確，「清水寺」有很多值得一看的地方，散布在寺內的紅葉，或從清水舞台眺望的紅葉都非常漂亮，但在回程時，只要稍微多走幾步就可以進入另一個世界。隱藏在著名寺院的背後，沒被注意到也是常有的事。順帶一提，所謂「日限桑」指的是在限定的日子祈求，各種願望就能實現的地藏信仰。

如果這座「安祥院」座落在人跡罕至的深山中，我猜人們肯定會特地前往參拜的。這等心理真是難以理解，不過這類的例子絕對不少。不只是秋天，一年到頭人潮不斷的名剎銀閣寺，正式名稱為「東山慈照寺」，附近也有座幾乎不見人影的小神社。

從銀閣寺的後山，沿著山路往上爬，就會到達以夏季送火聞名的「大文字」火床。在前往「東山如意嶽」的登山口路上，距離銀閣寺「總門」僅百公尺處，有一隱藏版賞楓勝地。人潮來來往往的參拜路，往東筆直延伸的盡頭就是銀閣寺。由此向左、往北走的盡頭有座**八神社**（地圖A）。

參拜路上的喧囂彷彿不曾存在似的，茂密的樟樹林鬱鬱蒼蒼，萬籟俱寂。進入鳥居後，社務所前種著小小的楓樹。在一片深綠的包圍下，楓紅顯得格外醒目。整片的楓林固然很美，但這種萬綠叢中的一點紅，更能深入人心。

八神社，正如其名，供奉著八尊神明。負擔著鎮守銀閣寺的功用，也是當地人熟悉、敬奉的土地守護神。造訪銀閣寺時請務必繞過來看看。

八神社

雖然我只舉了兩個寺院為例，但京都的主要寺院旁邊可以說必然有這種隱密的寺院，而且幾乎都有隱藏版的紅葉美景。不過，問題是要怎麼才能找得到呢？其實很簡單，祕訣就在「問路」。

清水寺、銀閣寺的參拜路上都有很多家紀念品店或茶店。其中要注意的是沒有那麼忙碌的店家。看起來像是店主的老婆婆，帶著羨慕的眼神盯著兩旁生意興隆的店家，我上前搭話。

「這個菓子看起來好好吃喔！可以給我一個嗎？」

裝在袋中的飴菓子貼著標價一百二十日圓。

「你打哪兒來的呀？」

老婆婆一邊把菓子裝進塑膠袋一邊問。

「我從東京來的。不過這裡人好多喔！不能好好地欣賞紅葉。附近如果有人少一點的寺廟就好了。」

我假裝在物色其他商品，然後看一下老婆婆。

「雖然沒有寺廟，但倒是有小間的神社啦！不過，小歸小，還是有紅葉。現在是正好看的時候。從這條路走到底再左轉，馬上就可以看到鳥居了唷！」

老婆婆站在店門前，一邊找錢給我，手一邊指向東方。

就是靠這招，大家可要記牢了。

著名寺社等待楓頭過後再去

秋天一到，當地的報紙一定會有「紅葉快訊」的單元，最近在網路上也找得到「紅葉速報」。一般大家都會參考這些資訊計畫賞楓之旅，但報紙或網路介紹的都只有所謂的名勝而已。想要尋找祕境的紅葉，這些並不足以參考。

不過，名勝也有難以捨棄之處。自古以來可以成為紅葉名勝而遠近馳名的，肯定其來有自。但若想避開人潮吟味楓紅之美，等楓頭過後再去，有相當高的機率可以避開喧囂。

「紅葉快訊」大都以「開始變色」、「最佳觀賞時期」（見頃）、「開始落葉」等三階段來介紹。多數人會選擇前面的兩階段追楓，特別集中在「最佳觀賞時期」也是人之常情。追尋名勝的「最佳觀賞時期」，人潮也跟著移動。

人潮退去後的空虛與紅葉，意外地很是相稱。根據我的經驗，從報紙上「最佳觀賞時期」轉為「開始落葉」的兩三天後最是理想。

紅葉紛落的早晨。吐出的氣息凝成白霧，指尖冰冷。在清澄空氣中開始飄落的紅葉，正因是最後，更顯豔麗。彷彿要接受難得的日照般，落葉在參拜路上織成了一道紅毯。腳下沙沙作響地走向了本堂。

澄澈的秋日晴空下，散落的紅葉紛飛。悄然地、快速地飛舞後，落在庭院的池中，隨波流去。落葉後，伸向池面的紅葉枝枒看來微寒卻一片凜然。在萬頭攢動的人群間，整園鋪天蓋地的紅葉目不暇給，常會忽略了庭石之美。這正是過了旺季才能看得到的景色。

搭乘大眾交通工具尋找紅葉

✽叡山電鐵和嵐電✽

當然，除了地下鐵以外，搭乘大眾交通工具看著窗外，尋找喜愛的紅葉，也是一趣。代表工具是路面電車。從起站「出町柳」出發的「叡山電鐵」；或發自「四条大宮」、「北野白梅町」兩站，通稱「嵐電」的「京福電鐵嵐山線」皆可。其中，叡山電鐵的「KIRARA號」堪稱「紅葉列車」，保證能帶您恣意享受楓情。正確名稱是「展望列車KIRARA」。大大的車窗，車廂中有將座位設計成面窗的觀景列車，若時間配合得好，還能通過紅葉隧道。

叡山電鐵在「寶池」分成「鞍馬線」及「叡山本線」兩條路線，沿線的紅葉都很美。若要選，還是推薦駛入深山的「鞍馬線」，雖與前作《京都：夏季遊》中造訪「貴船」的路線相同，但夏秋兩季的景色截然不同。過了「市原」到「二之瀨」之間是絕景高潮。

不過，列車有固定的行駛時間，搭乘前請務必詳加確認。僅僅十六席面窗的白金座位，只有雙節車廂才有，想坐的話得提早排隊。東有「叡山電鐵」，西則有「嵐電」，這也是到了秋季的極盛時期，會悠然駛過滿是紅葉的鐵道。嵐電一樣分成兩條路線，各有賞楓名景。從「四条大宮」出發的路線，在第三站「山之內」與「嵐電天神川」之間，成排的櫻花樹染上一片紅色。同樣地，起站「北野白梅町」的電車，從「宇多野」到「鳴滝」，沿線也有「櫻花隧道」之稱的壯觀櫻花樹，也是從日照之處開始變色。

在行進的列車中追紅葉，最美的雖是從「嵯峨」到「龜岡」間，沿著保津川溪谷行駛的「嵯峨野遊覽小火車」，但在其他旅遊書中肯定都有詳細介紹了，在此省略。

京都市巴士37號系統

相反地，我要介紹其他地方絕對沒有提過的，我的珍藏——路線巴士。這可不是穿梭在山間的鄉下巴士，而是市民用來代步的一般市區公車。

首推京都市巴士的37號系統。經過京都首屈一指的鬧區「四条河原町」到「三条京阪」，最後抵達「西賀茂」的路線。第一個亮點是從「河原町今出川」附近，沿著「賀茂川」，抵達「松之下町」。可以欣賞到一般稱為**賀茂**（加茂）**街道**（地圖B）、賀茂川堤防上的群樹紅葉。從賀茂街道往北走，可在右手邊看到賀茂川，所以一定要坐在巴士的右側座位。這點可別忘了。

難得行駛在賀茂川的堤防上，中途卻彎入**紫明通**（地圖C）往西開去。一般人看到都會感到失望吧，不過，這才是第二段的高潮。

紫明通的中央分隔島種著壯觀的銀杏樹。巴士過了烏丸通，一直延續到堀川通。這之後的路線，容後再詳述。

從紅葉到黃葉，真是戲劇性的轉變。可以的話傍晚最佳。原本一直行駛在賀茂街道上的巴士，突然轉向西邊。從正面的西山射下的夕陽，映照著銀杏樹的黃葉，宛如秋天的極樂淨土。紫明通緩和的彎道終於轉進了烏丸通。這時回頭一看，竟然發現夕陽照射

紫明通的銀杏

下的黃葉，散發一股莊嚴神聖的美，黃澄澄地筆直伸向天空。這裡有著令人泫然欲泣的景色。

37號系統，在「河原町丸太町」下車，可達**京都御苑**（地圖F）；在「葵橋西詰」下車，則可到**下鴨神社**（地圖B）等京都屈指可數的紅葉名勝，非常方便。而行車路線的上**賀茂神社**、**神光院**（地圖C）附近也是紅葉景點。只要上車下車，便能享受到多種楓情。此時使用「一日乘車券」更是方便，與京都市巴士的固定區間車資二百三十日圓相比，「一日乘車券」在當天不論搭乘多少次都是五百日圓。只要搭三次就回本了，非常划算。當然，不只是37號系統，任一種市巴士、京都巴士都可搭乘。

話說我怎麼會對37號系統的巴士這麼熟悉？因為這是我從中學到大學通勤的路線。尤其是去大阪上大學的六年期間，幾乎每天都會搭37號系統的巴士，所以對櫻花、紅葉的景點相當熟知。

涉成園

前面講的都是搭乘交通工具追紅葉，接下來，我要推薦的是「尋紅葉」。只是單純地從A地移動到B地時，途中偶然瞥見的紅葉令人印象深刻。那光景總是浮現在眼前，之後便下了巴士走路去尋找。這也是在京都追紅葉的樂趣之一。

行經河原町通的市巴士很多。車窗外豔麗的紅葉映入眼簾。咦？剛才的紅葉是在哪裡呢？在上下巴士之間，偶然發現的紅葉，是在「涉成園」，別名「枳殼邸」（地圖I）。以前我只知道庭園很美，並未聯想到紅葉。

既然這樣，我就特別下了巴士進入園內，這裡以池塘為中心，有著無邊無際的紅葉。池中倒映的京都鐵塔與疊映的紅葉形成了一幅不可思議的光景。這一刻我真切地感受到京都真是博大精深之地。彷彿嘲笑別自以為什麼都知道般，賣弄著我過去未曾見過的全新景色。無論京都人、觀光客都能

涉成園

平等享有遇此美景的機會。

將無意中發現的光景當作僅有的線索，尋找隱藏版紅葉，也是京都之旅的醍醐味。因此，可不能坐上交通工具就發呆喔！眼睛可要上下左右轉動，找找值得一看的紅葉。

洛北鄉間的初始紅葉

惠文社一乘寺店與鷺森神社

秋天從山裡來，但京都東、北、西三面都被山包圍。秋意來得最早的還是北方，十月中旬過後，葉子就差不多開始變色。

從「出町柳」站出發，我們要搭乘的是叡山電鐵。夏天的「水」路在「修學院」下車，秋天則是在前一站「一乘寺」（地圖A）下車，這也是個偏僻的小站。目的地在東邊，但在這之前要先繞去一個地方，一家與眾不同的書店。

從「一乘寺」站沿著商店街往西，稍走幾步後，可以在

惠文社一乘寺店

南側看到一家時尚的店，綠色的門及窗框令人印象深刻，像是雜貨店，又像咖啡店。這就是**「惠文社一乘寺店」**（地圖A④）。一家新型態的書店。

既然是書店，當然有賣書，但選書方向很嚴肅，連《民藝》之類的深度雜誌都保有過期舊刊。雖以繪本、寫真集等視覺系為主，但懷舊的書也很多。還有京都書籍專區，可惜我的書只有新書。有CD，雜貨也很豐富，甚至還有獨家購物袋及明信片，以及有趣的京都紀念品。在店內逛逛，時間很快就過了。這樣的店為京都吹起一股新的風潮。

過了白川通，繼續向北走，目的地是**鷺森神社**（地圖A）。雖然想去「修學院離宮」，但還是換季再去。從白川通沿著細細的河流走就不會迷路，山腳下有兩條路，我們要從左邊進去。河流在入山前的左手邊便是鷺森神社，這裡供奉山端地區的土地守護神。就算不知道神社的名稱，只要說五月五日端午節舉辦的「神幸祭」（さんやれ祭），京都人無人不曉。

神幸祭，以後有機會再詳述，先談談這座神社的紅葉。最佳的觀賞點是遍滿整個天空的紅葉，據我所知，再無超越鷺森神社的了。

鷺森神社的紅葉

極具震撼力的紅葉，僅此獨有。不過，十一月的巔峰時期，前來追紅葉的參拜客竟仍稀稀落落，因此更值得推薦。與小小的神社建築不成比例，出乎意料廣袤的腹地內，各顯姿態的枝枒布滿火紅的葉片。

鷺森神社的紅葉還有一個特色，就是三種顏色的葉子交相輝映，黃色、朱紅色、猩紅色呈現出鮮明的對比，不論走到神社境內何處，一抬頭一定都能看得到。雖然不是婚宴上切蛋糕的重要時刻，但有相機的人務必記得要捕捉這一刻。

八大神社

步出鷺森神社，走回來時的水路，從「曼殊院道」往南走，準備前往一乘寺下松（地圖A）。不用說大家都知道，這是宮本武藏決鬥的地方。忘了多少年前了，宮本武藏成為大河劇主角時，這附近曾有許多觀光客喧騰一時。彷彿已是久遠以前的事了，看著恢復平靜的神社，我感覺到時光的流逝越來越快了。

近年來大河劇當紅的坂本龍馬，再過個兩三年，應該也不會有人在意了吧。

我邊想著邊進入**八大神社**（地圖A）的鳥居，八大神社位於楓紅時節人山人海的**詩仙堂**（地圖A）東邊的高台上。八神社供奉著八尊神明，這座八大神社則是祭祀素戔嗚命、稻田姬命以及八王子命等三尊神明。

如「下松」字面所示，以松為首，境內有許多常綠的樹木，二刀流宮本武藏決鬥場面的銅像後面有著含蓄的紅葉，感覺非常可愛。與料理中說的「極盡」一樣，我對鋪天蓋地的紅葉不太有好感，也很久沒有覺得綠林縫隙中點綴的紅葉這麼可愛了。

我對一望無際的櫻花無感，比較喜歡若隱若現的

八大神社

感覺。從八大神社越過牆頭窺見的「詩仙堂」紅葉，有種令人興奮的美感。有一種犯規技巧在極致的名勝也適用，彷彿不該窺見的詩仙堂紅葉，不經意地在向客人招手，從八大神社看到的詩仙堂紅葉，大異其趣。用舞台來比喻，就像是從舞台側邊觀看般的幕後感，偶然得知紅葉也有不必在意他人的眼光，像是側臉般的獨特之美。爾後，我介紹給想要欣賞詩仙堂紅葉的旅人，果然包君滿意。

山端平八茶屋與雙鳩堂

洛北的鄉間。觀賞完隱藏版紅葉後，接著往西尋覓美食。下山後，感覺像是前往高野河面一般。越過白川通，地名為「山端」。

連接若狹與京都的「鯖街道」最高潮就在此。從若狹小濱經過十八里的距離，終於看得到京都，在如此山端之地，擁有四百年以上歷史的茶屋，現在仍有滋味醇厚的美食。

平八茶屋

「山端平八茶屋」（地圖A①）即是其一。這也是賴山陽[1]靜默沉思、岩倉具視[2]談論國家天下、魯山人[3]嘖嘖讚嘆的店家。四百年的悠久歲月，一直凝望著京都的庭園、茶店，透過捲簾俯瞰高野川。端坐在正式的榻榻米座席上享用「山藥麥飯」，三千五百日圓的奢侈享受。

山藥泥與麥飯，兩者的絕妙搭配讓人忍不住心想，到底是誰發明這種組合的呢？不過，這樣的搭配並非這裡才有，從淺草到丸子、豐橋，直到東海道，沿路上都有可列舉的名店，並非珍稀。不過，還是別說傻話動筷子吧！如何？不愧是京都才有的滋味吧！沒錯，這就是京都的高湯（出汁）文化。將從遙遠北方大海，搭乘北前船遠道而來的昆布製成高湯，配上山藥泥及麥飯此等質樸的組合，更添高雅風味，以此展現京都作風。

雖說是大會場，但座席莊重壯觀，點最便宜的山藥麥飯時可能會稍感猶豫，這時就要狠下心來，不必多餘的奢侈，請仔細品嚐單純的山藥麥飯。

如果還有一點時間，請體驗一次「窯風呂」，就是現在說的三溫暖。在此用餐只要再加一千零八十日圓，便可體驗「窯風呂」。還有提供毛巾，不須額外準備，輕輕鬆鬆即可體驗自壬申之亂大海人皇子在此療傷的古早溫泉。

品嚐完山藥麥飯、在窯風呂揮灑汗水後，再帶上同樣名為「山端」的菓子當作伴手禮，就可為初始紅葉之旅畫上完美的句點了。

離開「山端平八茶屋」，沿著街道往南走。遇到北山通的十字路口後，過馬路往南，再向東走一小段，往叡山電鐵「修學院」站的路上，有一家小巧的菓子店「雙鳩堂」（地圖A②）。建議可在此購買類似外郎[4]的「鳩餅」。基本款是白色，也有綠色的抹茶口味及褐色的肉桂口味。

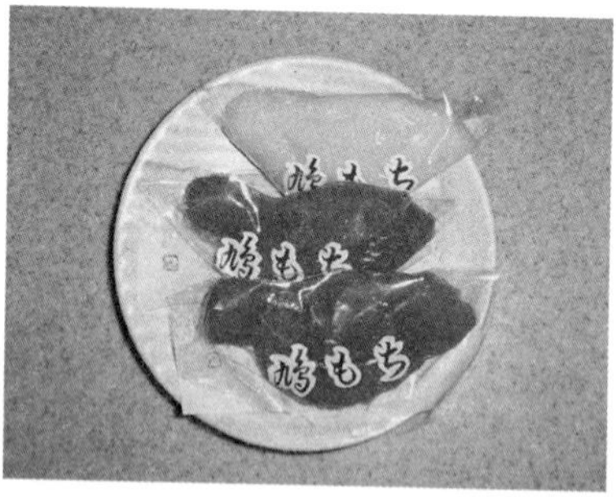

鳩餅

盛時的紅葉就在街道

北野天滿宮

說到天神就會想到梅花。提到北野天滿宮（地圖G）的花，任誰都會先想到梅花！不過，這座神社境內紅葉的五彩斑爛，除了京都人以外，意外地鮮有人知。天正（西元一五七三年－一五九三年）末期，豐臣秀吉為防洪及兼作洛中洛外的邊界，修築了土壘「御土居」，京都市內現仍留有多處遺址。我以前就讀的加茂川中學周圍都是御土居，我們還

北野天滿宮

會登上堤防遊玩，感覺相當熟悉。

北野天滿宮境內的西側也有御土居遺址，成了紅葉名勝。金秋時節，名為「紅葉苑」的附近擠滿了愛楓的京都人。這裡的紅葉約有二百五十株，其中還有幾棵樹齡四百年的古木。別有風趣的紅葉。聽說晚上還會點燈，櫻花也好、紅葉也罷，我都不喜歡點燈的景色，所以太陽下山後，我就會準備回家了，無法為各位介紹點燈的情景。

無論是櫻花還是紅葉，一到晚上就被人工照明投射，它們會開心嗎？我覺得肯定不會。城邸或建築物就算了，樹木可是有生命的。只要是生物，應該都要有晝醒夜寢的規律作息。這樣經過一整年的循環，才會開花、變色。用亮晃晃的燈光照射將要就寢的樹木，再發射閃光燈，不時驚呼連連。這樣怎能好好安眠？我真為樹木感到難過。

平野神社

暗夜中隱約若現的櫻花或紅葉並沒有那麼漂亮。日本諺語中不是有句話說：「遠看更顯朦朧美」（夜目遠目笠の内），日落後，靜默離開是最好的。

若想觀賞北野天滿宮西側大片的紅葉，從北門出來往西走，正面就會看到平野神社（地圖G）。作為賞櫻名勝，早已名聞遐邇。

紅葉很美，櫻葉變色的模樣更美。

雖然都稱為櫻花，但其實品種繁多，平野神社就約有五十種、四百株的櫻花樹，以平野妹背櫻、手弱女櫻、寢覺櫻等作為代表。其中，葉子會繽紛變色的是平野妹背櫻。春天時，如日文「妹背」有「夫婦」之意，兩朵花如恩愛情侶般相依相偎，綻放出淺紅的花朵；秋天則是將葉片染得火紅。拜殿的西側或社務所北邊的就是這種。

本殿東邊種植的大內山櫻、胡蝶櫻、衣笠櫻等也有豔麗的紅葉。境內的稻荷社附近也有紅葉樹，茂密的枝葉與櫻樹相對照，也是一趣。

平野神社的手弱女櫻

一旦有先入為主的觀念後，總是會有所遺漏。一旦認定北野天滿宮是梅，平野神社是櫻，就遇不到美麗的秋日紅葉了。

京都寺社之類的名勝，多數都具有多重魅力，但旅遊書等大部分介紹的京都資訊，都只會強調其中某些部分而已。如果將這些資訊囫圇吞棗，便容易陷入「見樹不見林」的窠臼。即使照著旅遊指南造訪名勝也不能流於表面，必須要注意該處的其他面向或探求本質。例如：在平野神社仰望似錦繁櫻時，就要想像這些櫻樹在秋天時會變成什麼樣貌？這點是很重要的。如此一來，不必仰賴旅遊書，也能靠一己之力找到紅葉名勝。這也正是重複造訪京都的箇中妙味。

妙覺寺

從烏丸通到御前通附近，以寺之內通為中心，接連有許多寺院。與過去櫛比鱗次的寺町通，寺院陸續消失的情形相比，這附近的寺院至今仍融入西陣的街道中，絲毫未變。尤其是堀川寺之內附近，妙蓮寺、本法寺、妙願寺等日蓮宗的寺院密集林立。作為隱藏版的紅葉祕境，知者知之的**妙覺寺**（地圖C）亦是其一。

靠近堀川紫明通，夾在上御靈前通及鞍馬口通之間，腹地廣闊的寺院，正門好比武家屋敷雄偉的「藥醫門」。春天在垂枝櫻迎接下，進入門內，正面可見安置日蓮上人像的「祖師堂」，接著往書院、庭園前進。

庭園深處可望見唐門的「法姿園」是賞楓之處。細心照顧的庭園遍滿了綠苔，散布在石階兩側的紅葉姿態端正。沒有高低段差，種在簡約庭園中的紅葉更顯珍稀。彷彿大棵盆栽般的奇妙樣態，令人印象深刻。

本堂深處還保存著石塔、華芳寶塔，塔內安放日蓮上人在比叡山抄寫的一卷《法華經》手

妙覺寺

書，寶塔造型令人聯想到天明時期（西元一七八一年－一七八八年）還存留的多寶塔，寺內保存有許多這類的寶物。

祕藏紅葉的寺院，值得一遊。

堀川通的黃葉

離開「妙覺寺」，向西北走去，會碰到紫明通與堀川通的交叉路口。沿著紫明通往東走，或沿堀川通往南走，觀賞的並非紅葉，而是黃葉之美。紫明通，如前面說過的，從白天到傍晚，從巴士的車窗眺望最佳。

日本現存最早的和歌集是《萬葉集》。其中，留有幾首歌詠秋天楓紅的歌，但大多是黃葉而非紅葉。當然，奈良時代應該也有紅葉，但被歌頌的幾乎都是黃葉。

不過，從奈良時代到平安京，喜好也改變了吧。

據說，紅葉與鹿的組合，便是從這首歌開始的。

——深山紅葉滿地飄，足踏紅葉路迢迢。聞道鹿鳴聲哀苦，悲感風寒秋氣高。——

這裡所指的紅葉，並非紅葉而是黃葉的說法已成定論。《古今和歌集》的歌詠者不知是誰，但《小倉百人一首》是猿丸大夫所作。有一種說法是，這位猿丸大夫就是柿本人麻呂[5]，真是有意思。在這裡，從古早的奈良時代到平安時期，比起紅葉，黃葉更有秋意，甚且作歌以詠之，有人認為理由是奈良時代以黃色為尊。但我粗淺的想法是，因為黃葉比紅葉給人更深一層的感受。

說到黃葉，就會想到銀杏樹。筆直向天的樹幹，光是這點就夠美了，葉子從鮮豔的淺綠色轉為黃色的時期，更添一層神聖莊嚴。槭或楓，葉子會變紅的樹，樹枝常是蜷曲糾結，但銀杏樹卻直挺挺地伸向天空。希望大家

堀川通的銀杏

能仔細注意這個差異。銀杏的黃還會令人聯想到黃金或極樂淨土。

銀杏的黃葉在陽光照射下更加美麗，如果可以，建議早上沿著紫明通往東走，直到賀茂街道，以比叡山為背景，欣賞朝陽下的金黃葉片。傍晚則從不同角度仰望背光的銀杏行道樹也很不錯。

從堀川紫明往南走，很快地就會遇到寺之內通，由此東進，即可抵達表、裏兩千家並列的小川通。這裡的**裏千家今日庵**（地圖C）院內有棵巍然屹立的銀杏樹，是由三代元伯宗旦親手種植的，故又稱為宗旦銀杏。

樹齡高達五百年的大樹，在粗壯的樹幹上綁有注連繩，是裏千家的象徵。茶道具上若有銀杏的圖樣，大多也都與裏千家有關。十一月十九日，宗旦忌日這天還會用這棵銀杏的果實製成銀杏餅，當作茶點。

裏千家今日庵

銀杏也因為葉子含有大量水分、難以燃燒而有助於防火。遠處的南方，同樣位於堀川通上西本願寺（地圖I）的銀杏，有「水吹銀杏」之稱，傳說在接連遭逢火災時，葉子都噴出水以保護寺院免於祝融。回想這個故事，漫步堀川通上，也是秋天才有的樂趣。

人聲鼎沸，一窩蜂湧向點燈的紅葉，不叫紅葉。

法輪寺

京都的寺院大多都有熟悉的暱稱，不少人講到正式名稱時反而想不起來是指哪裡。例如：以紅葉名勝聞名的「永觀堂」，正式名稱是「禪林寺」；同樣的，「千本釋迦堂」則是「大報恩寺」。也就是說，大多以供奉對象的名字如「永觀禪師」或「釋迦牟尼」稱之，說來其實就是指某某人的家。

達磨的寺廟，正確名稱是法輪寺（地圖G），不過，恐怕連京都人也少有人知。但只要講「達磨寺」，對方就知道，「哦！那個在圓町的，達磨的寺廟呀！」圓町，指的是西大路丸太町，由此稍往北邊，位於紙屋川沿岸的寺廟便是一般所稱的「達磨寺」。

該寺創建於享保時期（西元一七一六年—一七三五年），屬臨濟宗妙心寺派，因有點奇特而廣為人知。主佛雖是釋迦如來像，但安置的本堂容後再述，先去拜見「達磨堂」。這裡集結了八千尊大大小小、造型各異的達磨像，是由日本各地許下各種願望的信徒所捐獻的。一進入達磨堂，就可以感受到達磨的視線。達磨的眼神特別銳利，這邊也有，那邊也有，被達磨盯著看，讓我早早退出堂外。對面映入眼簾的建築是南洋寺廟風的紅色「眾聖堂」。

這座堂供奉的對象出乎意外。

京都過去曾是電影城，現在仍留有往日的痕跡。主要理由可能是因為有很多適合拍攝時代劇的場所吧！長時間待在這裡拍攝電影，對演員們而言是個充滿魅力的地方，住宿、美食、療癒皆宜。作為攝影空檔間的喘息空間，京都也最適合不過了。是否也會想在此終老呢？

「眾聖堂」供奉的，是八百位電影人的牌位。

「眾聖堂」的二樓一隅安放著刻有「大日本映畫界萬靈位」的大型牌位。其周圍則整齊排列著大河內傳次郎、阪東妻三郎、月形龍之介、田中絹代等早期知名演員的牌位。也有我們熟知的石原裕次郎、美空雲雀等名演員。導演方面則有享譽盛名的溝口健二、伊丹萬作、小津安二郎。知名電影人的牌位全都安置在這座「眾聖堂」的「貴寧磨」(Kinema)殿中。

據說這是從第二次世界大戰開始前，有一位電影人對電影從業人員歿後如泡沫般消失感到悲憫，而將自家改造成慰靈的祭壇開始的。後來，戰敗的氣息愈來愈濃厚，自家恐有被燒毀之虞，便將祭壇遷移到了「達磨寺」。

Kinema 後來成了 Cinema，原

達磨堂

眾聖堂

是所有人盯著一個螢幕看的電影院，現在多數影城都有超過十座以上的影廳了。這樣的時代，是怎麼看待這些牌位的呢？

再說紅葉。看完了達磨、Kinema，心裡應該會想這真是奇特的寺院吧！沒想到本堂卻極為正經。莊嚴的本堂與前方寬闊的庭園都展現古寺名剎的風範，尤其是庭園的精巧，在京都也堪稱屈指可數。

本堂旁邊長長的庭園有個「十牛之庭」，十牛，指的是用牛來比喻悟禪之道。從找牛開始的「尋牛」，發現牛腳蹤的「見跡」，看到牛身影的「見牛」，捕捉牛的「得牛」等，經歷不同的階段，「十牛之庭」便是把石頭比擬成這樣的樣態。

雖說京都洛北**圓光寺**（地圖A）的「十牛之庭」更有名，但達磨寺的庭園更有味道，庭中到處都有紅葉，實在非常美。更感動的是，即使是京都在地人，也少有人知道這裡精彩的楓況，最盛時期來訪也只有零星散客。

十牛之庭

坐在緣廊上，觀賞覆在「十牛之庭」石頭上的紅葉，怎麼都看不膩。雖然緊鄰圓町，卻寧靜安祥，彷若能聽到紅葉悄然落在石頭上的聲音般。如此美麗的紅葉，如此幽靜的賞楓之處，即使大如京都，也很稀有。這是在市區觀賞紅葉的終極祕境。

紅葉的尾聲

下鴨神社

不知是否是地球暖化的緣故？京都的紅葉一年比一年來得晚了。十一月都已經結束，進入臘月了，還能在洛中四處看到五彩斑斕的紅葉。

「南座」劇場掛上寫有演員名字的看板，開始了「吉例顏見世興行」[6]，我原以為十二月與紅葉不搭調，但竟然意外地極具風情。

自古以來，人們對於萬事萬物的終局都特別多愁善感。從紅到朱，由朱轉赤、暗紅，然後變得緋紅。宛如人的一生逐漸變色，最終凋零散落。不知何故，京都街上最晚的紅葉是在**下鴨神社**（地圖B）境內。

照往例，最美的時候約在「事始」之時。所謂「事始」，指的是開始準備過新年的那一天，是京都花街的重要活動，也宣告著年底的到來。十二月十三日，藝伎、舞伎會聚集在一起，帶著鏡餅前去向師傅及茶屋問候。

「恭喜恭喜。請多關照。」嬌豔可愛的聲音，在五個花街此起彼落。

恰好也是此時，與花街形成對比，萬籟俱寂的古代原生林——糺之森的紅葉，正在悄悄變色。

在「葵祭」之前舉行流鏑馬祭神儀式的馬場，紅葉特別美。筆直延伸的道路兩側，過了最盛時期的紅葉開始飄落。

從南側的參道進入，左手邊有座「河合神社」，從這裡開始走，直直向北通往馬場，可以的話，早晨為佳。頂著樹木縫隙間灑下的陽光，綠意盎然中的楓紅特別醒目，秋風吹拂臉頰，帶來絲絲涼意。隨著步伐前進，楓色也將整個心都染紅了。再過半個月就要展開新的一年，彷彿不捨舊歲一般，拚命地綻放色彩，卻也像看破一切似的。

河合神社

——逝川流水不絕，而水非原模樣。滯隅水浮且消且結，那曾有久佇之例。世上的人和居也如此[7]。——

《方丈記》一開頭，鴨長明[8]的這段話，與這座下鴨神社的淵源很深。未能如願成為「河合神社」的神職人員——禰宜[9]，鴨長明最終出家，寫成了被譽為日本三大隨筆之一的《方丈記》。人生的際遇真是不可思議。

走出參道往北走，以姻緣守護神聞名的「相生社」附近，紅葉也才開始凋落，還沒形成紅葉地毯。在拜殿參拜後，這回隔著參道從相反側往南走，比起來時路的馬場，這邊的森林更幽深，天空被群樹覆蓋，日照也少。靜靜潺流的泉川上映照的紅葉，美得令人屏息。寂靜的古代森林中，偶爾傳來的鳥鳴，是哪種鳥類呢？

最後的紅葉，實在太過感傷了。來，打起精神，就用這一帶的名產洋食（日式西餐）轉換心情吧！

Grill 生研會館

洛北下鴨附近，有多家知名的洋食餐館。一是因為這裡有許多學界人士寄宿，另一個則是因有高級住宅區。也就是說，能使食慾旺盛的年輕人，以及講究美食的知識份子同時感到滿足的，只有京都獨有的洋食了。其實，除此以外，洋食餐館會分布在這個住宅區還有一個原因。這個謎底之後再揭曉，我先來介紹其中代表性的兩家店。

從神社北邊出來，往西走到下鴨本通。由此南行可在左手邊看到「Grill 生研會館」（地圖B⑦）。

有點奇特的店名，是源自店家所在的大樓。這棟「生產開發科學研究所」學院的一角，自昭和三十三年（西元一九五八年）開設洋食餐館以來，滿足了學者、學生以及附近居民的肚腹。

Grill 生研會館

因此，雖說是街上的洋食餐館，但也稍微帶有尊崇、稱讚之意。粉紅色的桌巾上，交叉鋪上褐色的桌巾，迎接著客人的到來。漢堡搭配炸蝦的午餐套餐一千四百日圓，是我的最愛。盤子裡盛裝的不是飯，而是 rice[10]，展現了這家店的氛圍。京都大多數的洋食餐館都是用筷子，但這家店在餐巾紙上擺放刀叉卻非常相稱。

拿起刀子切開炸蝦，叉起來沾上塔塔醬，送入口中。紮實彈牙的蝦子與塔塔醬酸酸甜甜的香味，一起在口中化了開來。同樣的，漢堡也切成一口大小，疊在 rice 上，用叉子將漢堡連同 rice 一起放入口中。多蜜醬包裹著 rice 與漢堡，美味從舌尖蔓延到喉嚨深處。

咖哩飯則會有像是「阿拉丁神燈」的銀色器皿盛裝著咖哩醬，rice 則是另外裝盤，醬用勺子舀起來，一點一點地淋在 rice 上享用。有點作態的用餐也是「Grill 生研會館」的樂趣之一。

就是這味！正統派的洋食與最後的紅葉最速配。我真心推薦。

洋食 Norakuro：土耳其飯

再來介紹一家同樣位於下鴨附近的美味洋食餐館。與剛才的店相比，更加親民，滋味卻絲毫不遜色。

創業於昭和九年（西元一九三四年），擁有超過八十年歷史的老店。「洋食 Norakuro」（洋食のらくろ，地圖B⑧）的店名，取自開業時超受歡迎的田河水泡人氣漫畫《野良黑》。

因為距離我家不遠，二十多年前開始我就常光顧，在散步途中或騎腳踏車去。我剛開始去時，是由上一代店主與現任店主一起掌廚，用完餐後站到收銀台前可以看到兩代一起露臉，笑容可掬，我很喜歡這種家庭的氣氛，數不清去了多少次。上一代過世後，現任的店主夫妻很有默契地合作，把店經營得很好，不論是菜單或味道，與第一次來吃時絲毫未

洋食 Norakuro

變。一路走來，始終如一。

其他店家所謂的商業午餐，A定食、B定食等，在這裡午晚餐都能吃得到，第一次光臨時建議先點這些。牛排、炸蝦、沙拉，附白飯的豪華A定食，二二〇〇日圓。漢堡、蟹肉奶油可樂餅、沙拉，附白飯的是最便宜的C定食，一一五〇日圓。秋天到冬天還會加入炸牡蠣，絕對吸引人。

這家還有一道可說是名產的菜色，那就是被認為是長崎名產的「土耳其飯」。這是在抓飯及義大利麵上鋪上炸豬排，淋上多蜜醬或咖哩醬的料理。菜名由來眾說紛紜。同樣的，「Norakuro」的這道菜似乎也不太清楚由來，而且菜色內容更是大異其趣。

茄汁炒飯上，鋪上一口大小的豬排滑蛋，再淋上多蜜醬。看起來像是在蛋包飯上鋪上炸豬排，但也很像西式豬排蓋飯。我第一次來這家店時雖然曾吃過，但當時還不知道長崎也有這道菜。所以，對我而言，「土耳其飯」就等於「Norakuro」。

雖然菜名由來不明，但我曾問過上一代店主這道料理誕生的緣由，這與一開始提到的，這附近餐館林立的理由有關。現在雖已看不出來了，但過去這附近曾是電影攝影場所。大正十二年到昭和五十年（西元一九二三年—一九七五年）間，與「Norakuro」同個街區的下鴨宮崎町，曾有座「松竹下加茂攝影所」。

為何是大正十二年呢？因那時發生了關東大地震，受損的「松竹蒲田攝影所」便遷移至京都。後來，「松竹」遷移到太秦後，仍以「京都映畫攝影所」在這裡設立了攝影所長達五十年以上，主要是作為時代劇的攝影棚。

電影全盛時期，演員及工作人員都被拍攝日程追著跑，白天沒時間慢慢用餐。但食慾旺盛、想吃點好吃的，蛋包飯和豬排分開點又嫌麻煩，於是，便出現了這種合體的餐點。長崎出身的工作人員或演員表示，老家長崎也有類似的料理，便仿效取了「土耳其飯」的菜名。頂著丁髷，整排武士裝扮的演員狼吞虎嚥的畫面，真想看看。

京都旅遊的樂趣就是像這樣探尋歷史。現在的平成時代已經完全不見蹤影了，但得以窺見隱藏在某處的一鱗半爪，某種意義上也像在解開神祕的謎題一般。因為這是我自己寫的謎題，所以我知道，但解開謎底的線索在於「疑問」。抱持著「為什麼」的疑問，謎底才有機會揭曉。

例如，在「Norakuro」吃了「土耳其飯」後，不是只覺得好吃就結束了，帶著為什麼要叫做「土耳其飯」的好奇心，來到過去曾是電影拍攝場所的這裡。

同樣地，若想知道什麼的話，肯定也會想到平安京去一探究竟的。

旅人為京都深深著迷的理由便是在此。以前曾在拙著中提過，京都屢遭戰火，雖然有平安京的遺跡，但並非是肉眼能看見的平安京，所以才要發揮想像力，在各自的心中畫出平安京的模樣，這才是京都之旅的真髓。

「Grill 生研會館」是週四公休（週三僅供應午餐）。「Norakuro」則是週二、週三公休。若是午餐，店休沒有重複，無論去哪家店都能享用到美味的洋食。來到下鴨這附近追楓時，把賞楓與洋食配成一套出門去吧！

出町雙葉：豆餅

肚子填滿了美味的洋食後，再度出發吧！

從「葵橋」越過賀茂川，沿著河原町往南走。

「出町桝形商店街」的入口附近，可說是京都名產的**「出町雙葉」**（出町ふたば，地圖B⑪）正大排長龍。許多人是為了「豆餅」而來的。如果排隊人潮比想像中少的話，就跟在後面排排看吧！到了十月，還可以吃到用新豆做成的，九月是「栗餅」，十一月則是「火焚」，依不同月份變換菓子，也是京都的店才有。

帶著菓子再往南走。過了今出川通後，往西走，再沿著寺町通往南。就可以到達之前提過的萩花名勝「梨木神社」了。

出町雙葉

初始、盛時、尾聲。能如此充分享受紅葉的變化，乃因京都從山中到洛中都有著緩坡廣闊的盆地。「京都紅葉」無法用三言兩語訴盡，變化萬千的楓情，令人再次深深感謝京都這片土地。

1 賴山陽，西元一七八一年—一八三二年。江戶時代後期歷史家、思想家，著有《日本外史》、《日本政記》。

2 岩倉具視，西元一八二五年—一八八三年。日本政治家，影響明治維新發展之重要人物。反對德川幕府開國，提出「公武合體」，繼之策劃王政復古，後成為日本右大臣，主導岩倉使節團，與大久保利通、伊藤博文等人訪問歐美。

3 北大路魯山人，西元一八八三年—一九五九年。藝術家。昭和三十年，因織部燒被指定為重要無形文化財保持者。

4 和菓子名，在米粉等穀粉中加入砂糖和水攪拌後，倒入容器蒸煮而成，外型與羊羹相似。

5 柿本人麻呂，約西元六六〇年—七一〇年，日本飛鳥時代歌人。

6 顏見世まぬき上げ，指「南座」的年度大公演。

7 譯文引用李均洋。

8 鴨長明，西元一一五五年—一二一六年，日本平安時代末期至鎌倉時代初期的歌人、隨筆家。

9 日本神道信仰的神職人員，在現今神社職階中，位於宮司之下，權禰宜之上。

10 作者於此使用「rice」，有別於蒸煮的飯，rice 是在沸騰後，將鍋中的水倒掉，再次加水煮成。這樣可以將澱粉去除，呈現粒粒分明的清爽口感。

第三章
秋季的味覺饗宴

秋天的米飯

秋天的京都，若說有什麼好吃的，應該就是飯了吧！

包含我在內，日本人對「生的」、「新的」這種說法毫無抵抗力，而且新米未必比舊米好吃。事實上，也有像壽司這種舊米比新米更適合的料理。不過，在收穫之秋，若真的端出新米會讓人很開心，沒有的話，光用想像的，秋天澄澈的氣息，就跟米飯非常搭配了。

剛煮好的白飯，單吃就超好吃了，做成壽司或調味的飯，感覺到了秋天會更好吃。蓋飯、炒飯，甚至是西班牙大鍋飯，飯食與秋天真是絕配。食慾大開的秋天，大口大口配著洋食的飯也很美味。

秋天，海鰻也差不多進入尾聲了，取而代之的牡蠣及河豚變得更加肥美。秋季時蔬及菇類齊聚一堂，在迎接冬日的前夕，讓餐桌更顯澎湃豐富。入春以來的便當也將近結束。現在，一年到頭都有便當，但古早時期是春天到秋天才有，甚至還有收納便當（弁当納め）的儀式。珍惜紅葉最後的身影，帶著名店的便當外出賞楓也是一大樂事。當然，秋季也少不了芋頭及栗子，這時，不用外來語「Dessert」來稱呼，而用日本自古以來的說法「Oyatsu」（おやつ，點心）才更貼切。

現在就讓我來介紹，一個人在京都也能充分享受秋季美食的店吧！

上賀茂・秋山：土鍋炊飯

似錦的金秋，京都街上盡是豔麗紅葉。知名寺院自不待言，只要有楓紅的蹤跡，即使是巷尾不起眼的樹下，都有人們瞇著眼，感受著濃濃秋意。在眾人目光的凝視下，紅葉更顯豔麗奪目。

上賀茂神社

上賀茂・秋山

另一方面，遠離市街塵囂的山中紅葉則散發著侘寂的風情。尤其是傍晚時分，人們由落日聯想到自己的人生，更珍惜光陰。

以洛北上賀茂為例，從洛中沿著鴨川北上，鴨川與來自東北方的高野川分道揚鑣，改稱賀茂川，繼續往北流去。從出雲路橋、北大路橋，經過北山大橋、上賀茂橋等幾座橋前往御薗橋。

首先，先欣賞世界遺產之一的**上賀茂神社**（地圖C）境內的紅葉。走進朱紅色的鳥居，穿過綠色草坪的白砂道，東邊的森林零零星星地被染紅了。再越過立砂、拜殿、本殿等神社境內小小的溪流，境內與山相連，社境以北可以說是深山了，這裡是聖境與鄉鄙的分界處。離開神社後往東走，沿著明神川細小的清流，連接著賀茂神社的社家町，也就是神職人員的家。身為美食家的絕代藝術家北大路魯山人，便是出身於此。

過了初夏開滿整片燕子花的「大田神社」，循著山腳下的紅葉蹤跡，來到了一間山中民家。路旁的石梯親切地邀請旅人拾級而上，簷下朦朧的燈光、玄關前宛如種在古寺般雄偉的紅葉，迎接著賓客的到來。開店將近十年了，人氣仍扶搖直上。這家難以預約的名店「上賀茂・秋山」（地圖B⑥），不只是秋天，隨時皆可造訪，但村外農家般的氣息最適合秋高氣爽的時節。

站在店門口，就會想起傍晚趕著回家的路上，經過的人家傳來陣陣剛煮好的飯香，讓肚子咕嚕咕嚕地叫了起來。祇園或先斗町附近絕不可得的質樸靜謐，遠避鬧區，店主會選擇在這裡開店，一定也是因為這股氣息吧！遠離喧囂的寂靜中，暖簾靜靜地搖曳。拉開紙門進入店中，首先會被帶進右手邊有地爐的房間，品嚐用鐵壺沏的香煎茶，度過等待的時光。山間冷風從小窗徐徐灌入，此時可以伸向地爐暖暖手，感覺很窩心。終於叫到我的名字入座了，廚房後面雖有面向庭院的榻榻米座席，但客席只設在吧檯。僅僅十個座位的店內早已客滿。

開胃菜是當令時蔬，主菜多以瀨戶內海的鮮魚為主，接著是堪稱本店名產的「黑米粥」。就像「草喰中東」的白味噌湯一樣，常客紛紛露出「就是這個，非吃不可」的表情，笑逐顏開。

風味質樸的前菜（八寸）[1]之後，陸續是燒烤類、煮物等，最後再以柴薪炊煮的飯作結，「飯」也算是「上賀茂・秋山」的名產了。從吧檯的每個座位都可以看到真正的爐灶。京都市內因消防法規之故，現在幾乎都改用瓦斯了，在洛北的獨門獨院開店的優勢即在於此。耳聞柴薪爆裂的聲響，眼見火焰上騰的景象。

過去，家家戶戶每到傍晚都會飄出這樣的味道。剛剛煮好，正要開始悶蒸時的白米香氣飄散到吧檯的座位上，所有人心中都充滿了期待，等候盛飯。把剛煮好的土鍋展示給客人看，已經是最近流行的作法了，在這裡則沒有這種膚淺的表演，只是淡泊地、快速地把飯盛入碗中。

滿足、飽足的肚腹，令人懷疑是否還吃得下，但每個人仍用美味的白飯畫下完美句點。

用完餐後，再回到剛才有地爐的房間享用菓子，搭配店主親自刷的抹茶。用故事來比喻的話就是最終章，是讓這席晚餐激昂的心情，默默冷靜下來的時光。序曲與終章在同一個空間裡，不知為何感覺特別安心。我心滿意足地離開了。

提供日本料理的料亭與吧檯割烹，我一向認為，割烹有別於料亭，應該配合客人的步調進行。割烹原本就不是套餐組合，而是將客人想吃的食材用客人喜愛的方式料理。不過，回顧在「上賀茂・秋山」用餐的經驗，我覺得這是在料亭、割烹以外的第三種型態。

因為設有吧檯，應該歸入割烹的類別，但僅提供無菜單套餐，卻走出了與割烹截然不同的道路。與「草喰中東」、「祇園佐佐木」一樣，以難預約聞名的店都是這個路線。而這些店很大的特色，就在於店家與客人的一體感。

割烹，是看著自己點的餐點在眼前現做的模樣；料亭，則因為廚房與客席分開，客人並不知道接下來會出什麼菜，這也會讓客人等候時充滿期待。我長久以來都是這麼分類的。

不過，「上賀茂・秋山」這類的人氣店家，卻兼具了割烹與料亭兩者的樂趣。也就是說，將菜肴快完成的模樣展示給客人看，我稱這種叫「劇場型割烹」的料理。

這種「劇場型割烹」，是藉由料理所呈現的一種娛樂活動，這樣想就比較容易理解了。與單純去吃頓好料不同，是還帶有其他目的才前往的。因此，比起以吃喝為主的男性，更獲得超越飲食、追求娛樂性的女性歡心。

這是一齣戲的舞台。客人光看表演者的演出就很開心。演出中不會有指手畫腳的點餐，滿意的話就極力讚揚，期待再次造訪，或是詳細地推薦給別人。「劇場型割烹」的風潮應該還會持續下去，不過，力度的差距已大相徑庭。

如果過度著重「表演」，必定會忽略了食物本身或流於玩弄食物。這類店家的始祖「草喰中東」的老闆，總是強調「所謂的『食物』是在領受生命」。希望後繼者仿效的不只是店家的型態，而是該店的精神。

Higohisa：壽司

以前我曾介紹過，在京都要吃壽司的話只限指名「Higohisa」（ひご久，地圖F㉕）。沒想到，有一天它竟突然歇業了。聽聞老闆得了難治之症，手不便活動，無法捏壽司了。我得知這個消息後非常沮喪，但仍帶著祈求的心情等待「Higohisa」復活。不知道是不是我的祈禱奏效了，後來，「Higohisa」另闢新地東山再起了。我當然對這近乎奇蹟的結果喜出望外。

無論如何，能夠再次吃到美味的壽司，我滿心感激。

以前的店是在錦市場裡面，現在則開在佛光寺附近。

座落在散發京都風情的傳統建築「町家」中，寬敞的店內只設了吧檯席，奢侈大器。店後面還有庭院，在寬敞舒適的氣氛下用餐，相當愉快。

本店基本上以江戶前壽司為主，也有類似割烹的料理，事先告知預算的話，老闆還會自行調配，陸續端出呼應季節的美味料理。雖然不至於謝絕生客，但唐突前往是不得其門而入的。大家可以打電話說是看了本書後想要預約。老闆製作料理，老闆娘在旁協助。兩個人絕妙的搭配讓料理更具一番風味。

若在京都想吃壽司，這裡是首選。

繩手紅酒食堂：內臟料理

前著《極致京都》（極みの京都）中，我曾介紹過和洋折衷料理的店——位於繩手通新橋附近的「MAEKAWA餐廳」，而「繩手紅酒食堂」可說是它的姊妹店。

同樣位於繩手通，但是在過了四条通的南側，也就是四条繩手往南，西側樓房的二樓。店名叫「**繩手紅酒食堂**」（繩手ワイン食堂，地圖E㉑），取得真不錯。

我很喜歡「食堂」這個詞。比起割烹、料亭，感覺更親切，車站前食堂、學生食堂，以及百貨公司的大食堂。沒有嚴格的規定，也不須麻煩的預約，興之所至便輕鬆地走進去，隨心所欲地吃點想吃的，這就是「食堂」。「繩手紅酒食堂」在這種「食堂」的概念上，還提供了紅酒，真令人開心。

在「無菜單料理」（おまかせ）大行其道的京都，能

繩手紅酒食堂

有這樣的店，我心存感謝。

「縄手紅酒食堂」位於常見的住商混合大樓二樓。站在縄手通往上看，可以透過玻璃窗，看到手持紅酒杯的女客們笑容滿面。L型的吧檯有十個座位、桌子則有十六席，比想像中的寬敞。全白的椅子、自助餐廳風的裝潢有種昭和摩登感，散發出懷舊復古的氣息。貼在吧檯上的馬賽克磁磚感覺很不錯。

我看到菜單後嚇了一跳，真的是紅酒食堂，或許也可以說是紅酒居酒屋的品項：醃黃瓜、豬五花肉醬、法式風內臟馬鈴薯等，幾乎都是一千日圓以內的菜。瓶裝氣泡酒是四千五百日圓起跳，紅、白酒則是一瓶三千八百日圓起跳，對豪飲派的我而言，真是令人開心的價格。

紅蘿蔔沙拉、醃黃瓜、豬五花肉醬，配上氣泡酒的晚餐。

因為週一休息，所以我週二去的時候，有幾道菜來不及準備，沒能吃到，遺憾歸遺憾，但已充分感受到該店的魅力了。店家的定位也很明確，就是豪飲路線。把餐點的份量與價格壓低，專攻想單點料理、多喝幾杯的客人，營業方向清楚明瞭。

今日特餐的當令賀茂茄子煎鵝肝，與法式風內臟馬鈴薯是那天晚上最棒的餐點。最後原本想用「內臟法式炒麵」或「內臟咖哩飯」作為結束，無奈肚子已經投降了，我只好噙著淚水放棄。氣泡酒及紅酒各開了一瓶，享用單點料理，兩人份心滿意足的晚餐，只要一萬五千日圓，真是相當划算，很值得常去。

我不知道這樣算是很京都？或很不京都？比起很京都卻失敗的店，這家「繩手紅酒食堂」絕對相當舒適，如果單點菜單能不斷變化的話，一定會成為屈指可數的人氣名店。除了當地居民外，尚未廣為人知的店，秋季的京都之旅請務必一訪。

阪川：最後的海鰻火鍋

海鰻的季節，不用說當然是夏天。京都的祇園祭、大阪的天神祭，都有「海鰻祭」之稱，說到夏季全盛時期的美味，海鰻肯定是頭號之選。

海鰻切片、烤海鰻、海鰻皮拌黃瓜、海鰻壽司、牡丹海鰻花等。夏天大快朵頤的各種海鰻料理，入秋之後變成了海鰻火鍋。在空調舒適的房間內，品嚐盛夏的海鰻火鍋也不賴，但開始吹起秋風，庭中蟲鳴唧唧之時，伴隨著金秋風情的海鰻火鍋，則更添一番滋味。

祇園町南側。從祇園石段下的十字路口往南走，遇到第一條路後向西轉入……。用文字說明有點困難，在這條小巷裡面，有家店門狹窄、掛著白色暖簾的店——「阪川」（地圖E⑳）。這是一家京都愈來愈少見的正統派「板前割烹」。

在無菜單料理盛行的現在，「阪川」備有種類豐富的菜色，且配合客人的喜好，在客人眼前製作料理的經營型態更顯珍貴。

對於精選的食材，不標新立異，直率地料理烹調。將如此理所當然的事，理所當然地淡然處之。光是看到這個情景，就有光臨此店的價值

阪川

了。雖然有點擠，但在「阪川」的吧檯用餐相當愉快，讓人幾乎忘了座位的狹窄。或許大家都有同感吧！一年比一年更難預約了。

入秋到初冬，螃蟹、河豚、牡蠣等美味佳餚輪番上場，邊思索著想吃什麼，邊惋惜著肚子只有一個，欣賞菜單的幸福時刻，也是割烹的樂趣之一。考量著自己的肚腹，依自己的喜好組合生魚片、烤物、拼盤、炸物等，習慣的話會很愉快，但經驗較少者大多會感到迷惘。這時，只要在一開始告知預算，全權交給主廚調配即可。

如果是坐在一樓的架高地板座位，或二樓的塌塌米座席，請不必猶豫就點海鰻涮涮鍋吧。將不輸給夏季海鰻祭的海鰻做成涮涮鍋享用，價格比夏天更實惠，一人份大約七千日圓左右。若考量到品質、味道、氣氛，甚至可以說相當便宜。如果時機剛好，還可遇到松茸與海鰻的絕妙搭配。

狹窄的廚房，以老闆為中心，幾名廚師緊挨著製作料理。日本酒、紅酒等飲品價格合理，親切和藹的老闆娘笑容可掬，這樣的店生意不好才怪。決定好旅程時間後，請務必儘早預約。不限於秋天，讓人想一去再去的店。

Izuju：京壽司

京都通應該已經發現了吧，「Izuju」（いづ重）店名有「Izu」的字樣，因為這是「鯖姿壽司」[2]老字號「**Izuu**」（いづう，地圖E⑰）的分號。天明元年（西元一七八一年）創業的本店，直到明治末年才允許設立分號。

遠望八阪神社的鳥居，昭和三十三年（西元一九五八年）開在祇園石段下的「Izuju」，已有將近七十年的歷史。

現在仍劈柴煮飯做成醋飯。米是近江的「日本晴」。煮成有點軟軟的京都風，拌上甜甜的醋做成壽司飯，與「Izuu」一樣捲上厚厚魚片的鯖姿壽司當然不錯，但「**Izuju**」（地圖E⑲）的真功夫是展現在箱壽司。

外帶的話，一七二八日圓的「上箱壽司」最為合適。蝦子、蛋捲、鳥蛤、鯛魚等，依不同季節，配料會有所變化，但皆以四種種類區分整齊，井然有序的擺盤賞心悅目。聽說還常以星鰻代替鳥蛤。如果時間配合得好，還會有松茸，雖然我還沒遇過。

另一項料理也很有名，是充滿懷舊感，塞了大麻籽（Hemp Seeds）的稻荷壽司。可能很多人不知道大麻籽是什麼，其實就是放在七味辣椒粉裡小小圓圓的果實。往昔京都的稻荷壽司大部分都會放，記得小時候用舌頭及牙齒找到大麻籽時都會特別開心。

回到「Izuju」的稻荷壽司。柚子的風味撲鼻，牛蒡的口感極佳，包在入味多汁的豆皮裡。飽滿的大塊頭壽司，五個七百五十六日圓（外帶八百一十日圓），真的是良心價。還有把青蔥烤過後塞入的「大人口味稻荷壽司」。

Izuju 的上箱壽司

在雅緻的店內享用自然不錯，但這壽司更適合外帶，作為秋天漫步在京都的便當。只要事前預約，算好時間去拿即可。

就是這味！京都才有的壽司，在欣賞紅葉時享用，肯定會這麼想。

廚房爸爸：米店經營的洋食店

想吃好吃的米飯。隨著秋意漸濃，心中掠過這樣的想望。眼前浮現飽滿下垂的稻穗，聽聞新米上市的報導而雀躍不已。平時沒有特別在意，但一到了秋天，任誰都會想到米飯的。

剛煮好的飯要配什麼呢？清淡的醬菜、有點辣的明太子，鋪上鰻魚燉山椒也不錯，左思右想，最後抵達的目的地卻是洋食屋。白飯與洋食，是誰發明的呢？簡直就是黃金組合。伍斯特醬、番茄醬、炸豬排醬，甚至連多蜜醬，都與白飯相當速配。

文明開化，肉食解禁，西洋料理登陸，很快地就發展出日本獨特的「洋食」。日本人驚人的味覺與功夫，從遙遠的長崎開始。

長崎的觀光名勝「哥拉巴園」一隅，立有「西洋料理發祥之碑」。第一家洋食餐廳原本是位於坂本龍馬等人成立的「龜山社中」[3]附近，名為「良林亭」。據說喜歡新事物的龍馬也吃過的「良林亭」，後來改名為「自由亭」，培育了許多後進，店主為草野丈吉。

接受草野薰陶的料理人，在日本各地開設了洋食屋。在我們京都開店的草野弟子也很多，他們後來都將料理改良成京都風。與龍馬不相上下，也喜愛新事物的京都人，立刻就奔向了洋食的懷抱，打頭陣的便是夜夜流連花街的男眾們。這也就是為什麼現在京都有名的洋食屋，都開在花街附近的緣故。

據聞草野費盡了心思想做出搭配日本米飯的洋食，他的後代也在京都開了洋食餐廳，但似乎有不得已的理由無法繼承店名，不過，現在草野家仍以京都為根據地。

「洋食」始於長崎，成熟於京都；而將洋食的滋味發揚光大的，則是不折不扣的「白飯」。因此，白飯的良否便事關重大了。若要說有「米專家」與「洋食」完美結合的店，就是**「廚房爸爸」**（キッチンパパ，地圖G㉖）。

覺得不可能卻是真的，大概就是指這種事了。店門招牌寫著「大米米穀店」，看起來是一間姓大米的米店，而我們要找的洋食店就位於米店的後半部，老闆是同一個人。

姓大米的米店所經營的洋食店。說沒有期待是不可能的，穿過滿屋子米味、碾米機排排站的米店，鑽進後面的店，氣氛瞬間為之一變，成為木質空間中流瀉出爵士樂的時尚餐廳。這種反差果然很京都，常會看到這種表裡氣氛不同的店。

招牌菜是漢堡，午餐時段只要八百八十日圓就能吃到。

漢堡淋上滿滿的、精心熬製的醬汁，美味自然不在話下，但特別好吃的還是白飯，而且還可以續碗，對愛吃飯的人真是擋不住的魅力。

用筷子切下沾滿醬汁的漢堡，放在剛煮好的鬆軟米飯上。小心不要掉落，謹慎地送入口中。多汁的肉、濃郁的甜味醬汁，用白飯集其大成，在舌尖融合為一。在此白飯扮演的角色是很重要的，如果沒有飯，這些味道還能合一嗎？肯定不會，不管是肉還是醬汁，沒有了飯，濃郁的美味該歸向何處呢？必定會無所適從。

漢堡上的醬汁，慢慢地將白飯染成恰到好處的色澤，把飯送入口中，醬汁太多太少都不行。計算著恰當的時機也是一趣。

任何山珍海味都比不上飯，我邊大口扒飯邊心想，這成就洋食的原型，是在歐洲絕對吃不到的極致美味。正因有米飯，才有洋食。

「洋食」與「飯」搭配的最好的，的確非「廚房爸爸」莫屬。雖然位於千本上立賣這種偏僻的地方，但前往西陣的町家巡禮，或是到千本釋迦堂、釘拔地藏（皆為地圖G）參拜時，這是最適合當作午餐的店了。

板前洋食・彌生：炸牡蠣

與秋意相應的京都洋食屋還有一家。

京都的路，有長長一條貫穿南北、東西、市區的路，也有不少是距離很短，令人記不起路名的路。從烏丸通東邊算起的第一條路、綾小路通到塩小路通之間的不明門通就是這樣的一條路。

剛好位於松原通與萬壽通的正中央，窄小的不明門通東側有一家「板前洋食・彌生」（地圖I㉘）。因為位置的緣故，很少有京都人知道，

板前洋食・彌生

這也就是俗話說的「內行人才知道」的洋食店。不負「板前」代表廚師之意，原木吧檯看起來已經年代久遠。老闆模樣的廚師，淡然地用長筷翻動著炸物。

到了午餐時刻，多數客人似乎都點今日特餐，一坐下來，只喊了一聲「午餐」。不常來的客人一開始會猶豫不決，因為餐點種類太過豐富了，不知道該點什麼才好。既然是洋食屋，應該搭配飯，但要點白飯、蛋包飯還是咖哩飯呢？

這時記得要「入境隨俗」。先觀察看似主顧的客人，突然，「炸牡蠣」三個字映入眼簾。

原來如此，已經秋天了呀。一邊暗自感嘆，一邊毫不遲疑地點了炸牡蠣，而且當然要配飯，不過轉念一想，還是配咖哩飯好了。在咖哩店，冬天我一定會點炸牡蠣咖哩飯。炸牡蠣與咖哩飯相配的程度，不輸鴨與蔥。但不可否認，一直吃也是會膩的。

淋上伍斯特醬，吃一塊炸牡蠣。再抹咖哩醬，放在飯上一口吃下。一邊想像這樣的情景，一邊偷看廚房。為了滿足滿座的客人，廚師專心一意地烤肉、炸牡蠣、甩動平底鍋、炒茄汁雞肉飯。完成一道菜，便裝在盤子裡，加上沙拉，端到客人面前，並不多說什麼。

不知看了幾回前面客人的盤子，終於輪到我的炸牡蠣，跟著咖哩飯一起送上來了。如果這不叫幸福，什麼才是幸福呢？能吃到與想像中一模一樣的料理，是多麼難得可貴的事啊！

炸牡蠣、咖哩飯，分開吃、一起吃，都好吃。

當季節性料理開始上市，就知道時序到來了。夏天是冷中華麵，冬天則是炸牡蠣。店家一貼出告示，便非點不可。炸豬排好吃，蛋包飯亦深得我心。那麼，下次要吃什麼呢？一邊想著，一邊動筷，眼睛則緊盯著菜單。這就是好店的證明。

現炸・蕎麥鶴：茄子燴烏龍麵

京都是蕎麥麵派？還是烏龍麵派呢？如果是大阪，肯定是烏龍麵掛的，但京都就有點微妙了。

京都寺廟多，以為會是蕎麥麵為大宗，但京都人卻多喜愛烏龍麵。而且既非讚岐，亦非大阪，而是京都獨特的「膽小鬼烏龍麵」（腰抜けうどん）[4]。這種麵不是沒有咬勁，而是硬去了筋的烏龍麵，最大的特色是滑溜溜的口感，沾滿了昆布高湯。

洛北高野。從靠近紅葉名勝的川端通稍微往東走，有家掛著紅色大燈籠的店。「現炸・蕎麥鶴」（通しあげ，地圖A③）的蕎麥麵及烏龍麵都很好吃。如店名所示，招牌是鋪上現炸天婦羅的蕎麥麵。

其他季節來吃時，我會毫不考慮地點蕎麥麵，但進入秋天後，就會想吃茄子燴烏龍麵，這家店的獨創料理。有句俗諺說：「別讓媳婦吃秋茄」，這是表示好吃還是難吃呢？在蕎麥麵上鋪滿茄子薄片，再淋上加了生薑的芡汁。這可好吃了。

京都人很會勾芡。應該是從使用若狹、鯖街道熊川宿的葛粉，使高湯變濃稠開始的吧！生薑與葛粉，

現炸・蕎麥鶴

兩者都能讓人暖到心裡，在寒冷的京都不可或缺。

這就是京都的烏龍麵。這股滋味，最適合賞楓前後享用。溫暖地、悄然地，由舌入喉、由喉入胃，滲入體內的美味，讓身心放鬆。

到了晚上，則人人一碟小菜，舉著酒杯，觥籌交錯。在京都如果想去居酒屋小酌，要記好這家店。蛋捲、烤雞肉串、天婦羅等，一邊有不輸給割烹的料理，一邊有美酒相伴的夜晚，真是最幸福的一刻。最後再以蕎麥涼麵或烏龍湯麵畫下完美的句點。幸福無盡。

三友居：竹籠便當

京都自古就有「用餐」的說法，專門做外賣的店也不少。將茶懷石送至茶席，當場完成最後工序後請客人享用，或是準備便當讓客人帶回家。京都的三千家亦各有所好，像是裏千家就偏好東山三条附近的「辻留」。不知有沒有人是想吃這家的料理才入門拜師的。

而有一家歷史相對沒那麼悠久，卻是茶會不可或缺的名店，那就是位於白川通的「三友居」（地圖A⑤），我曾在本系列的《京都：春季遊》中介紹過。

要找京都的店，可參考店名的由來，像京都最古老的店鋪之一「本家尾張屋」，大家應該猜得到，可能是因為創業時的店主出身自尾張國之故。「近江屋」或「丹波屋」等亦同。

再回頭看這家「三友居」。說到「三友」，會想到什麼呢？一般直覺都是歲寒三友吧！也就是俗稱的「松竹梅」。不過，店主人可不是這麼想的，完全是不同的東西，這才有趣。

店名原來是取自唐代詩人白居易的詩：「人生三友，酒、詩、琴是也。」對如此瀟灑的詩有所共鳴的店主所做出來的料理，自然不會無聊。

風雅的竹籠中，結結實實地塞滿了酒餚、配菜、飯的「竹籠便當」，最值得推薦。三天前預約再到店裡去拿即可。店家距離銀閣寺也近，很適合帶著便當直接去賞紅葉。

將近四千日圓是有點小貴，但考量到紮實豐盛的內容，算是很實在。份量也多，年長的夫婦，兩人分食一籠也行。

聽說二〇一〇年夏天，「三友居」在東京高輪開店了。京都店因沒有座位，無法在店內享用，讓我多少心有不甘。

廣東料理鳳泉：燒賣及炒飯

心存惋惜關閉的店，不管過了多久都會留在人們的心中。

像是洛北下鴨的「Grill 富永」、「Grill Otsuka」，或是富小路通的「大三元」等，這些明明都不是親切的店，但歇業時卻讓許多人遺憾不已，原因就在於味道。每次想到那無可取代的味道，就覺得很可惜，還引發了鄉愁。若是消失地無影無蹤也就罷了，總有一天會淡忘，偏偏建築物還留在那兒，每次經過都教人思念。

最典型的例子就是賀茂街道、紫明通上的中華料理「鳳舞」。只要是京都人，肯定都有吃過清淡爽口的辣子雞、燒賣等多種中式名菜。京都市內有多家後繼的店家，前作《京都：夏季遊》中介紹的「鳳飛」即是代表。

而堪稱一脈相承的直系店家，則是「廣東料理鳳泉」（地圖E⑮）。「鳳泉」位於河原町通二条的轉角附近，完全看不出「鳳舞」的痕跡。想起之前的店是柳米來留氏風格的氣派建築，我略感沮喪地走進去，沒想到，寬敞的店內竟然是咖啡廳風格。不過，菜單與「鳳舞」如出一轍，都是放在塑膠硬匣裡薄薄的一張。品項、字體、價格幾乎都跟以前一模一樣，真令人懷念。

燒賣五百四十日圓。咕咾肉與椒醬酥雞都是一〇八〇日圓，我點了在「鳳舞」常吃的菜。比起家庭餐廳樣板的親切招呼，這裡感覺更簡潔乾脆，簡潔的待客方式也跟以前一樣。

邊啜飲五八〇日圓的中瓶啤酒邊等待，不一會兒，剛蒸好的燒賣就登場了。

廣東料理鳳泉

薄薄的皮在熱氣氤氳中顯得小巧緊實，飽滿膨脹的絞肉餡幾乎快把皮撐破了。就是這個，這就是我心目中的燒賣。不管是富小路通上的「大三元」，還是河原町三条往北，由東轉入小路的「平安樓」，現已不復存在的名店，燒賣都是這種感覺。

沒有小籠包的時代，一咬下燒賣，流入口中的肉汁，簡直奢侈，慈姑的爽脆口感也一如以往，在燒賣界，再無能出其右者。接著是咕咾肉，有品牌的豬肉用講究的黑醋調味，在習慣現代作法的人眼中，應該會感覺不太放心吧，但這就是糖醋肉。京都的廣東餐廳，過去大概都是這個味道。色味皆淡，用湯匙刮起芡汁也是以前養成的樂趣。

椒醬酥雞肯定得費時。因為是將一整支雞腿慢火炸到通透，所以得等上一會才會出場。酸味與辣味的巧妙配搭也絲毫未變，真是開心。結尾當然要來盤炒飯，六百四十五日圓。每一道都份量十足，一個人吃這些，已是極限。

雖然才開幕沒多久，但到了中午一下子就客滿了。跟以前一樣，廚房開始異常忙碌，等得不耐煩的客人與餐廳服務員間的應對，也熱烈非凡。

若要去這家店的話，記得時間抓充裕一點，帶著輕鬆的心情去。

Bar Shion：夢幻咖哩

人們對於冠有「夢幻」二字的東西總是難以招架，而且愈是稀少，就愈要想方設法地嚐一嚐。

越後的銘酒「越乃寒梅」應該就是開創先河。因為難以取得，在奢華的泡沫時代，即使加價仍賣得嚇嚇叫。現在則因為網路社會的資訊流通即時，夢幻也馬上就會曝光。當夢幻不再夢幻時，到底是好還不好呢？現實，其實就是夢醒了。

夢幻一詞，通常是由別人口中說出來的，不會自己宣稱。

在寺町通買完新年用的紅包袋及明信片後，穿過御池通，前往二条通要去買「大福茶」時，我的目光停留在拉麵店前的「夢幻咖哩」牌子上。夢幻，如果是平常，我一定不會停下腳步的，但一想到過年要吃年菜，應該暫時吃不到咖哩，便深深被吸引住了。更何況還是夢幻的咖哩。

回過神來，我已經爬上了帶著黴味的舊大樓樓梯，站在「**Bar Shion**」（地圖E⑯）前了。四周安靜無聲，店內應該是菸酒瀰漫直到天明吧，雖然滿是臭味，我還是決定一試。因為以前的經驗告訴我，比起用了極多辛香料，費時費工做成的咖哩，老酒吧的老闆一時興起做的咖哩，有時還好吃了幾倍。我悄悄地打開了門。踏進店裡，沒有歡迎的招呼聲，但也沒有被拒絕的感覺。正當感到困惑時，一隻貓蹭到了腳邊。竟有點像是志在奪下文學獎的作家，會寫出的小說開場白。

預計將會發生什麼奇妙的事情，但現實並沒有那麼不可思議，只有一般的詢問，稍等了一會兒，咖哩便送了上來。嚐了嚐，第一的印象就是，非常辣。舀了兩三匙後，開始覺得好吃。漸漸地也嚐出了細心熬煮的咖哩滋味，終於發出了會心一笑。深得我心。

這的確是夢幻咖哩。有何緣由、歷經何事才掛上這夢幻咖哩的招牌呢？因為我什麼都沒問就離開了，所以並不清楚。不過，的確是與普通的咖哩店相比會遭忌的美味。又辣又好吃的咖哩，吃了還想再吃。

落入店家圈套的我，馬上問朋友：「有聽過夢幻咖哩嗎？」

Kane 正：錦糸丼

就算現在被「山椒小魚」迎頭趕上了，但「茶泡飯鰻魚」還是京都的知名伴手禮。說穿了，就是口味較淡的鰻魚佃煮。記憶中最早的「茶泡飯鰻魚」是繩手通三条往南的「Kane 庄」。原本是夏天到京都町家來回兜售的中元節禮品，因為是手工的人氣商品，常會缺貨。後來，割烹店或料亭也開始當作伴手禮販售了。

放在白飯上，配飯吃很不錯，但最好吃的，還是依照商品名稱做成茶泡飯。盛少許剛煮好的飯，豪邁地鋪上「茶泡飯鰻魚」，再沖入熱騰騰的焙茶。輕輕攪拌後，放入少許山葵，然後一口氣吃下去。熬煮得甜中帶辣的鰻魚，散了開來，與飯完美融合。真是教人喜愛的滋味。

Kane 正

後來，聽說開了一家與「Kane 庄」店名類似的鰻魚丼店，第一次去不知是多少年前了？從同一条繩手通再往南走，由西轉入四条通附近的巷子。隱身在巷弄內的店家掛著白色暖簾，上頭寫著鰻「**Kane 正**」（かね正，地圖E⑱）。聽說特色料理是「錦糸丼」，我當然毫不猶豫地點了。

鰻魚店是很花時間的。對如此忠實呈現的店家，先叫好。

不知是不是用字遣詞的緣故，京都人總給人悠然自得的感覺，但其實京都人出乎意外的很急躁。用關西的方言說，就是「急性子」。我也是其中之一，不喜歡等，尤其是為了吃在店家前大排長龍，坐下後又讓人等很久那種，更是深惡痛絕。不過，只有這家店不一樣，不會感覺等得那麼痛苦。那是因為可以直接看到兩位師傅認真製作丼飯的模樣。

雖然不是從宰殺活生生的鰻魚開始，但客人點餐後，才會串好魚片，用爐火慢烤，採開背式直接烤。由看起來像是店主的師傅仔細燒烤。

觀察著燒烤的狀態，另一位年輕師傅開始煎起薄薄的蛋皮。這是要做成「蛋絲」的吧。不只是鰻魚，連蛋絲也是現做的這點，令我吃驚。

終於，師傅從飯桶內盛出白飯，加入白芝麻及鰻魚醬汁攪拌。再將拌好的飯裝入竹葉花紋的碗中，擺上切成大拇指寬的鰻魚，最後再鋪上切得細細的蛋絲就完成了。滿滿的蛋絲把鰻魚和飯都蓋住了。從坐下開始，剛好過了三十分鐘。

在祇園町一千八百日圓的價格，自然沒有鰻魚肝湯，但附有味道深厚的湯品及醬菜。醬菜也是跟鰻魚很搭的奈良漬、黃蘿蔔片及醃蘿蔔，各有兩片。連醬菜都不隨便。

吃下第一口，便感覺等待是值得的。煎得鬆鬆軟軟的蛋絲、耐心炙烤的鰻魚，配上拌了白芝麻的飯，簡直是三位一體，唇齒留香。鰻魚，一般我只認定蒸過的關東作法，但只有這道「錦糸丼」例外，因為烤得芳香酥脆的魚皮實在太好吃。這也是現烤才吃得到的滋味。

後來，事隔多年後再度造訪，時光彷彿停止一般，味道、氣氛及作法都跟以前一模一樣。在這家店裡，深深感受到京都人的良心。

另外，雖然菜單上也有「茶泡飯鰻魚」，但與前述的「Kane庄」有無關係，店內完全沒有標示，我也沒有問。雖然不明真偽，但也不必追究。因為，能吃到好吃的鰻魚就好。

Figueras Suvaco JR京都伊勢丹：西班牙大鍋飯

有幾種料理，明明平時毫無感覺，但有一天突然想到時，就會變得非常想吃。以我來說，大概都是異國料理，例如：泰國的綠咖哩、越南的河粉、英國的炸魚薯條等，都是所謂的該國家鄉菜。

其中有一道是西班牙大鍋飯[5]。這是用平底鐵鍋從生米開始煮的燉飯，加入了大量的淡菜或蝦子、烏賊等，最後擠上檸檬汁享用。因為要使用專用的鍋具，所以很難在家製做，這應該也是讓人更想吃的緣故。

我因為愛吃，所以大部分的料理都會在家模仿試做。也沒有向誰學或看食譜，只靠直覺及舌頭就做了，結果倒也跟在店裡吃的味道差不多。不過再怎麼樣也只是差不多而已，食材不同、調味料等也完全不一樣，所以只能算是素人模仿的程度罷了。

不過，自己做並不包括前面提到的外國菜。當然那些都有賣即食包，真要認真學習道地的味道，把工具買齊的話也是做得出來，但這兩種方式我都不喜歡。隨便敷衍了事或是太過堅持，都不是我的風格。所以，我從不會想做這些料理。想吃的話只好去店裡了。

有一家老字號的西班牙餐廳「Bodegón」，位於京福電鐵嵐山線「嵐山」車站出來沒幾步的地方，現在雖然沒有了，但我結婚前曾去好幾次，所以至少也有三十年以上的歷史。

在法國餐廳與義大利餐廳屈指可數的年代，聽說開了家新的西班牙餐廳，有不少喜愛新事物的京都人，便帶著戒慎期待的心情前去朝聖，我也不例外。日式家屋的店內改造成沒見過的西班牙風裝潢，讓人瞪大了眼睛；放了滿滿馬鈴薯的西班牙烘蛋（Spanish Omelette）、西班牙蒜味蝦（Ajillo）等則教人驚嘆不已。

而最得我心的則是西班牙大鍋飯。記憶中這家店是稱之為「Paella」，那味道給我很大的衝擊，很合日本人

Figueras 的西班牙大鍋飯午餐

的口味。蒜香濃郁的番紅花飯、海鮮，看起來像炊飯，味道又不太像。感覺還帶著一股懷念的氣息，而最令人感到新鮮與驚奇的是在飯上面擠上檸檬汁。

平時不會想起西班牙大鍋飯，偶爾想起來時可不得了了，馬上就想吃到。可是麻煩的是，很多店都只接受兩人份的訂餐。正想有沒有可以點一人西班牙大鍋飯的店時，竟意外地被我發現了一家店，用現在的話講，就是「車站內商場」的店。

JR京都站二樓剪票口前的SUVACO商場裡，有一家名字很長的西班牙餐廳「**Figueras Suvaco JR京都伊勢丹**」（地圖Ⅰ㉚）。總店是位於繩手通四条往北的「Figueras」，這家店有供應午餐限定的一人份西班牙大鍋飯。

該店的佔地範圍不太明確，界線也很曖昧，但帶有西班牙風情的感覺很不錯，有餐桌席及吧檯區。早上十一點過後就算午餐時間了，我點了一〇二〇日圓的西班牙大鍋飯午餐，及一杯五百四十日圓的辛口氣泡酒。瓶裝酒是二七〇〇日圓，算是很便宜，但大白天就一個人乾掉一瓶，會有點不好意思。

我一邊品嚐附有西班牙烘蛋的前菜，一邊等著我的西班牙大鍋飯，車站內商場獨特的喧囂聲聽起來很舒服。隔著玻璃窗相鄰的和食餐廳，似乎不少客人都是點丼飯，觀察著這樣的情景，氣泡酒很快就見底了。續杯送上來時，熱騰騰的西班牙大鍋飯剛好也上桌了。

帶殼的蝦子彷彿在跳舞，淡菜蹦了開來。香氣撲鼻的番紅花飯，搭配著氣泡酒，一個人獨享西班牙大鍋飯的午餐時光，真是奢侈。

從早到晚都有營業，等車時可以去，酒類齊全也可當作酒吧。一個人來吃時，晚上就不點西班牙大鍋飯了，改點九百七十二日圓的塔帕斯（Tapas，下酒菜）拼盤，再來一整瓶的氣泡酒，好好喝個夠。剪票口就在附近，可以享用到將近末班車的時間，真的相當方便。散發哀愁氣息的西班牙，也很適合作為京都之旅的句點。

秋天的京都甜點

現在雖然已經聽不到了，但在不久之前，京都還是可以看到幾台烤地瓜的餐車在街上穿梭。只要聽到尖銳的鳴笛音，搭配悠長的叫賣聲「烤～蕃～薯」，街頭巷尾就會響起喀啦喀啦拉開格子門的聲音，讓車子停了下來。從停留的時間長短可以得知生意好不好。

連喜歡喝一杯的我，到了秋天也會想吃甜的，所以對嗜甜者而言，秋天簡直就是天堂。

用現在流行的話來說，就是「西點」。還有被稱為西點王子、西點番長（老大）的男生，雖然時代在變，但在京都還是和菓子當道。無關茶會，普通的點心就屬秋天最美味。

小西地瓜

在京都最熱鬧的街上，秋冬兩季，有一家人潮絡繹不絕的石頭烤地瓜店。因訂有出爐的時間，客人不抓準時間來的話是買不到的。排隊是必然的，也不接受只買一條等麻煩的訂單，完全要按照店家的規矩來。價格方面絕對不算便宜，待客態度更是粗魯至極。我最不喜歡這種店了，如果有人說這是很京都的店，我一定會不加思索地大喊，才不是呢！

我不知道還有哪裡像京都店家這麼重視客人的。慎重待客這點，別說是日本，在全世界也是獨一無二的。

西陣有家和服腰帶的店，姑且稱為A店好了。年號改成平成多年之後，有天，客人用宅急便從秘魯寄來了古早的和服腰帶。

這是移民的祖母留下的遺物，貨真價實的A店腰帶。用英文寫的信上表示，希望可以修補褪色、脫線等損傷。A店老闆請師傅看了腰帶之後，發現實在難以修補。幾經考慮之後，老闆決定做一條新的。不知是幸還是不幸，有好幾位師傅都有時間空檔，不到半年，便織成了與明治時代中葉一模一樣的腰帶。

A店的老闆把這條腰帶當作修補品，寄回給秘魯的客人。隨包裹附上的請款單只收一萬日圓，但實際發生的費用其實遠遠超過一百倍。

這就是老字號之所以為老字號的緣故。不是只有曇花一現，能夠持續營業到孫輩的，才是京都的店。雖然媒體總是只報導滑稽可笑、爭奪繼承權的那一面，但堪稱京都紀念品代表的「一澤信三郎帆布」，則是背負著前一代「一澤帆布」的決心創立的品牌。剛好與前述的A店一樣，對傳承不輟的店而言，重要的不是店名，而是在悠長歷史中製作出來的商品，以及喜愛這些商品的顧客們。

鋪陳有點長了。總之千萬不能小看烤地瓜，京都有京都獨特的商業模式，也有遵循此模式的烤地瓜。

小西地瓜

在JR奈良縣「稻荷」站下車，往東走馬上就可抵達「伏見稻荷」。沿著這條路往北走，看到右手邊的「稻荷小學」後轉入左邊的巷子，可以看到一家通稱「稻荷地瓜店」的「**小西地瓜**」（こにしいも，地圖H㉗）。

店內仍使用古早的秤，極富古趣。有賣蜜地瓜及炸地瓜條，但最好吃的還是石頭烤地瓜。

幾十年來專心經營烤地瓜，將用琉球鹽醃漬一晚的鳴門金時地瓜，用帶蓋的鍋子慢火烤上一小時左右。一百公克是一百五十日圓，價格及口味長久以來絲毫未變。帶皮或去皮的價格都一樣，各選所好即可。熱騰騰的烤地瓜非常燙，無法用手拿。鬆鬆軟軟的甘甜滋味非常好吃。說到烤地瓜，大家想到的味道都相同。如果有來參觀「伏見稻荷大社」的話，記得務必繞過來嚐一嚐。

賣烤地瓜是重度勞力的工作，大部分都沒有人繼承。過去在寺町二条轉角附近的「川越芋」，其美味無人能比，可惜老爺爺過世後，店就關了。

從松原通寺町往西轉入的「**林商店**」（地圖E㉓）仍健在；七条通的「**丸石**」（地圖I㉛），

則以「山有富士、地瓜有丸石」的口號聞名，增加甜薯、蜜地瓜等多種產品努力經營著。

簡樸的烤地瓜店不像西點師傅那樣受人讚揚，也得不到名流的青睞，卻是京都街上不可或缺的存在。

京都栗屋與林萬昌堂

栗子，雖然沒有地瓜那麼不起眼，卻也說不上華麗。到了秋天，用栗子做成的和菓子，則會變得格外美味。

雖然不似岐阜中津川銘菓「Suya」的「栗金飩」（栗きんとん）那麼有名，但京都也有店如其名「京都栗屋」（京都くりや，地圖F㉔）的栗菓子老店。

這家店是在明治末期左右，從京都北部的園部，安政時期（西元一八五四年—一八五九年）創業的老字號菓子店「栗屋」分設出來的，血統純正的老店。

林商店

總店的名產「金之實」，是將秋天收穫的大顆丹波產栗子煮過後，用砂糖浸漬的和菓子。像和風的法式甜點糖漬栗子，看起來雖簡單，但慢慢咀嚼就能感受濃郁醇厚的滋味。聽說昭和天皇也很喜歡，所以用金色的玻璃紙包起來，真是名符其實的「金之實」。

「京都栗屋」在九月第二週到十一月底間，會推出限定販售的「栗牡丹餅」。用栗子餡把蒸過的糯米包裹起來的和菓子，不愧是從亥子餅衍伸出來的，高雅的模樣也適用於茶會。

京都栗屋的「金之實」

店家座落在丸太町通的堀川稍微往東的地方。參觀二条城的時候也可買來吃吃。但對京都人而言，說到栗子，還是在新京極入口附近散發著甜甜的香味，用鍋子翻炒的**「林萬昌堂」**（地圖E㉒）的糖炒栗子。

「林萬昌堂」只選用中國河北產的小顆栗子，無愧於明治七年（西元一八七四年）創業的悠久歷史，持續營業至今；而且使用河砂的炒鍋更是超過八十年的古董，所以當然能保有我小時候吃的味道，絲毫未變。

秋日夜半，從祇園回來的父親，大概都會帶這家的「糖炒栗子」回家。還記得我總是揉著睡眼惺忪的眼睛，幾乎聽不到喝醉的父親在吹牛，狼吞虎嚥地吃著。

用指甲摳入栗子皮的腹部，把皮剝掉，栗子滾出來的那一刻，對小孩而言真是開心無比。帶著黑黑的指尖，再度安心上床的情景，想起來真是懷念。

地瓜、栗子，外表看起來粗鄙，卻是代表秋天的甜品。深層的滋味與京都很是相稱。

林萬昌堂

柏井壽觀點：京料理二三事

廉價的讚美

波濤洶湧的新店熱潮終於告一段落了。不論是來自其他縣市加入戰局的，或是早早從修業店家獨立開店的，輸贏似乎已成定局。

但若只看日式料理，幾乎所有店家都是贏家，每家店都高朋滿座。

一家開幕不知道有沒有兩年的店，打電話預約都訂不到想要的日期，好不容易訂到位了，到店時環顧四周皆座無虛席。八成客人操著標準語口音，一定都是從東京來的。

不必特地豎起耳朵聽，讚嘆聲便不絕於耳。不管出什麼菜都會掀起感動的旋風，讓人以為東京的日式料理很糟似的。而且，製作時、端到眼前時、送入口中時，一道料理都能讓人發出三次的驚呼聲，對廚師而言真是至上的幸福。

加上甜點大約有八道菜吧，不過很可惜的，讓我覺得感動的料理連一道也沒有。絕對不算難吃，但能端出這種料理的店家多的是。光是看料理本身，跟時下的餐廳相差不大。

散發京都風情，以曾在名店修業為賣點，只要端上用土鍋煮的飯，幾乎所有的客人都會發出驚嘆。其實非常廉價的「京料理」，竟然如此生意興隆，我的忠言應該也是無用吧。

用書來比喻，就是「令人感動」的書。對那些愛哭的讀者，只要寫感動的祕辛或是悲傷的故事，他們就會淚如雨下，感動不已。這樣的感動透過部落格口耳相傳，終於蔚為風潮。

我覺得料理也是很類似的模式。有愛說好吃的客人，只要投其所好做的料理，客人就會讚不絕口。這樣的稱讚透過「部落格」口耳相傳，終於變成了一位難求的餐廳。

我一想到這股風潮還會持續一段時間，就覺得有點不耐煩。

有點過熱的京野菜風潮

現在，蔬菜已經打敗肉或魚，成為飲食重點了。若說蔬菜風潮似無止境也不為過。地產地消（當地生產當地消費）、健康取向。完美無缺的在地蔬菜，沒有人敢唱反調，與京野菜相關的商業活動全都是好的。從當地的報紙得知，在這樣的風潮下，甚至有公司動起了將京野菜融入觀光產業的主意。

造訪京野菜的知名產地，訪問農家、體驗採收蔬菜，並在附近的義大利餐廳吃午餐，整個套裝行程約為四小時。採收的蔬菜當作紀念品，附上參加者開心的照片，版面頗大的一則報導。雖然報紙上沒有提到，但看網頁說明，參加費一萬一千元整。

前面提過的那家店，用美食網站 GURUNAVI 檢索，普通的午餐為一一五〇日圓起跳，最貴的套餐是二九五〇日圓。晚餐套餐中最貴的也只要五千五百日圓。抱歉，又要說俗氣的話，這中間的差額應該就是農家與企劃公司拿去了吧。若真如此，再也沒有像京野菜這麼好賺的了。

看了看同一天夾報的旅行社傳單，介紹了很多一日遊的行程。早上七點在京都車站集合，搭巴士一路直達鳥取。體驗昼網（白天舉行的漁貨拍賣）後，在當地的魚料理店吃午餐。海膽、鮑魚、岩牡蠣、甜蝦都是吃到飽。之後在附近觀光後，便到觀光果園體驗採梨子。梨園也是吃到飽。晚上八點回到京都。一整天滿滿的開心行程，還附帶三公斤的梨子當伴手禮，團費是六千八百日圓。

任何一種行程我都沒有實際參加過，所以無從比較，但已經可以完全感受到「京」字的附加價值有多高了。再說，後者還只是廣告而已，前者可是正式的報導，不用廣告費就能達到宣傳效果了。在山陰、日本海的漁貨拍賣或採梨子，都只是單純的觀光，但「京野菜」的採收體驗就被當作是「文化活動」了。即使這其實是商業行為。

同樣的，不久之前京都的料理店，還只有寫「京野菜」而已，最近很多都會寫上「某某先生菜園的蔬菜」等，連農夫的姓名都標註在菜單上了。這種現象偶爾也會被報導。

「京都市中京區的某和風料理店，最近將該市北區的農家某某先生菜園採收的蔬菜納入菜單中。因某某先生的菜園種植的是無農藥的有機蔬菜，故除了京都之外，連東京的知名餐廳也對道地的京野菜趨之若鶩，成交價格因此居高不下。」

怎麼看都是某店家的宣傳，但這可是有附照片的新聞報導。

種植京都傳統蔬菜的知名農家，成了眾所矚目的焦點，還上了電視節目。該農家還開了使用自家蔬菜的餐館，成立了冠有自己名字的組織。令人吃驚的是，對於廚師做的料理，農家還提出了建言，說自己種的蔬菜應該用更簡單的方法料理才對！

這未免太本末倒置了吧！農家與廚師不是上下的關係，有的只是相互為用而已。

1 日語中為「八寸」，套餐中間所穿插份量不多的小菜。

2 以北海道昆布包裹鹽漬生鯖魚的一種熟成壽司。

3 西元一八六五年，坂本龍馬得薩摩藩援助，於長崎的龜山組成「龜山社中」，為海援隊前身。

4 「腰抜けうどん」（Koshinuke udon）的麵條煮得非常柔軟，沒有嚼勁，日文稱為「コシが抜ける」（Koshi ga nukeru），音同「腰が抜ける」（Koshi ga nukeru），而「腰抜け」（Koshinuke）有懦夫、膽小鬼之意，故被稱為「膽小鬼烏龍麵」。

5 在台灣一般稱為西班牙海鮮燉飯。

第四章
近江紅葉與美食

近江賞紅葉

圓仁的足跡

東北有名為「四寺迴廊」的古寺巡禮。

也就是巡遊山形的「立石寺」、宮城的「瑞巖寺」、岩手的「中尊寺」及「毛越寺」四間寺廟，這些都是平安時代，由慈覺大師圓仁所建立。因是平安時期的產物，故能窺見當時興盛至極的風水思想，很有意思。四座寺廟各有鬼門守護，或有玄武、白虎相應，持續保佑東北地區一千兩百多年來的平安。

進入江戶時代後，松尾芭蕉走訪了這四座寺廟，將其樣貌及氛圍寫成了《奧之細道》。圓仁，也就是慈覺大師，是平安時期的高僧。本以為他是遠古時代的人物，沒想到近年來卻聲名遠播。因為聽說遠在中國河南省的小寺院裡發現了他的足跡。

身為最澄的弟子，奠定了比叡山基礎的圓仁，傳說中曾是遣唐使的一員，在中國居住將近十年，但這個證據在過了一千兩百年後，到平成二十二年（西元二〇一〇年）的夏天才被發現。

河南省登封市的「法王寺」，鑲嵌在包圍堂宇的圍牆石碑上，清楚地刻有「大唐會昌五年圓仁」的字樣。因中國找不到名為圓仁的僧侶，「法王寺」的僧侶便造訪了圓仁年幼時曾修行的栃木縣岩舟町「大慈寺」，追究來龍去脈後，證實了就是遣唐使圓仁沒錯。

由賴世和（E. O. Reischauer）英譯的圓仁著作《入唐求法巡禮行記》，被認為甚有凌駕馬可波羅的《馬可波羅遊記》、玄奘的《大唐西域記》之上的價值，而圓仁行跡的具體證據，在經過一千兩百年後才出土，真是令人驚訝。

該著作是圓仁因毀佛政策被驅離長安，自洛陽前往鄭州的紀錄，而這次發現的「法王寺」所在的登封市，就是位於兩地的正中央。石碑上刻有因擔心毀佛運動使佛舍利滅失，故將之埋入地下的事蹟。

遭受打壓的圓仁，在多災多難的異地旅途上，留下了足跡，將許多佛畫及佛舍利帶回日本，實在是勞苦功高。

四寺一社

近江湖東的「湖東三山」素來為人所知。擁有深山幽谷之趣的三座寺廟，到了深秋，更因是紅葉勝地而使訪客絡繹不絕。這三座寺廟全是從中國回來的圓仁任住持的天台宗寺院。若圓仁沒有平安無事地自唐朝回到日本，或許現在就沒有這番景致了。想到這裡，就不免想對矗立在此的一株紅葉，雙手合十。

圓仁的功績容後再述，這附近還有一座名為**永源寺**（地圖P）的山寺，與前述三山不同，此乃臨濟宗永源寺派的大本山。

宗派雖然不同，但這四座寺廟都是深山裡的古寺，散發著相同的氣息。佇立在萬籟俱寂的大自然中，威風凜凜。如果可以，希望能一次巡遊四寺。

東北的「四寺迴廊」，因地理位置之故，巡遊四寺需要三天兩夜左右，近江湖東的四寺，則只要一天就可以走完了。而且在這四寺的北方，還有近江人所熟悉，暱稱為「多賀桑」的古老神社**多賀大社**（地圖P）。

古老的《古事記》中記載的「伊邪那岐大神者，坐淡海之多賀也」，指的就是多賀大社。從中世紀到近代，與伊勢、熊野一樣，因許多平民信眾參拜而熱鬧非凡。還流傳有民謠：「拜完伊勢就到多賀參拜，伊勢神是多賀神之子。」以及：「一生要到伊勢參拜七次、熊野三次，多賀則每個月都要拜。」

四寺一社。歌頌的都是京都所沒有的風情，因此，最適合作為京都之旅的延伸巡禮。何況在紅葉時節，更請務必一遊。

永源寺

離開京都，來到琵琶湖岸的東邊。從近江八幡稍微往山中走，剛好在正中央，這裡有著「無人紅葉」，最適合一個人靜靜欣賞，沒有人潮來湊熱鬧的紅葉。當然，紅葉巔峰期還是有許多遊客，但因腹地廣大，人群的密度比起京都低得太多了。只要避開跟著小旗子走的觀光團，就可以享受到沒有人潮的紅葉。

早晨、中午以及傍晚，只要選擇這三個時段，即使是旺季，也不會人擠人，能悠然地站在樹下，任憑絢爛的紅葉把心染紅。既然要先去「永源寺」，那就走一圈「四寺一社迴廊」吧！

使近江廣為人知的功臣當中，有一位是白洲正子。她在著作《近江山河抄》、《我的古寺巡禮》中都有所著墨。其寫作功力之深厚，後人無論如何苦心凝思，都無法超越這些稱頌近江古寺的文章。不過，作家的宿命，就是只能書寫自己所知道的。

「永源寺」山門

而且要前往「永源寺」，需要一些勇氣。

從JR東海道本線（琵琶湖線）「近江八幡」站，換乘白天一小時只有行駛兩班的近江鐵道，搖搖晃晃十五分鐘，抵達「八日市」站。從這裡還要再換乘同樣一小時只有一、兩班左右的路線巴士，再搭三十幾分鐘，才會抵達「永源寺」。

如果不討厭開車，在近江八幡或米原附近租車最佳。若是住在我強力推薦的**「草津波士頓廣場飯店」**（地圖Q），則在車站前、飯店對面就有「Toyota租車」，非常方便。而車站的兩側也有東口的「驛租車」、西口的「日產租車」等，任君挑選。

無論如何，「四寺一社迴廊」要從先有一部車開始。從名神高速道路「八日市」交流道下來，沿著山腳行駛二十分鐘左右，溯愛知川（音無川）的右岸而上，就可以看到臨濟宗永源寺派的大本山「永源寺」靜靜的佇立著。

靜靜的，這常見的形容詞似乎不夠風雅，但我實在找不到可以替代的詞語。不是清高，也不是決然。就是靜靜的，靜靜的佇立著。

光是沿著河川而建的寺廟，就已擄獲了我的心。

過橋之後，有一座大型停車場。把車停在這裡，再步行越過一座小橋。很快地，就可以在左手邊看到小小的河流及瀑布。旁邊則有一小段石階，說是一小段，但也有一百二十階，沿著平緩的石階往上爬，山壁上有十六羅漢的石像在迎接訪客。

終於到了散發山寺風情的小巧總門，前面開枝散葉的紅葉幾乎把門前的石階都遮住了。光是這幅絕景，就讓人覺得值回票價，進入總門，辦完手續，還有更美的紅葉在等著呢。

兩旁覆蓋石階的枝葉、遮住雄偉山門的紅葉，交織出豔麗的漸層之美。

這就是古寺的紅葉。展現壓倒性的存在感，某些地方卻又沉穩低調，一點一滴地滲入心房。雖然身為京都人很不甘心，但要在京都找到能夠與之匹敵的紅葉，實在困難。一邊想著，一邊一步步走在石板路上，右手邊的愛知川與左手邊山壁間鋪天蓋地的紅葉，讓我的內心激動不已。

山門前斜向設計的石板參道，更能襯托出侘寂的紅葉。古人的美感真是好，如果這座山門正對著石板路，肯定會減少不少興味。我站在山門前，讚歎了不知多少回。

繼承藤原家流派，由寂室元光禪師開基的「永源寺」，平成二十三年（西元二〇一一年）

是為開山第六百五十年。而且，昭和天皇還賜予了禪師正燈國師的謚號。當時在人跡罕至的深山中建寺，其艱辛非今日所可比擬，受到舉國尊崇的高僧獲頒如此殊榮，實至名歸。

可惜的是，創建當時的寺廟已為戰火所燒毀。與後述湖東三山相同，寺境內到處散發出捲入戰國時代浪潮的寺廟悲哀。鐘樓、庫裡（寺院廚房、僧房）、本堂被配置地整齊井然[1]，令人唏噓。古時候應該是分別散落在境內各地的吧，絕非寺廟照自己的意思「排排站」的。

「永源寺」本堂

坐在本堂的外廊眺望庭院，彷彿可以聽到山腳下傳來武士們狂暴的吶喊聲，眼前閃過陣陣烽火。

參觀完法堂、開山堂後往回走，則又是一番不同的景致。從抬頭仰望的紅葉，到向下俯瞰的紅葉，樣態為之一變。從山上往下望向遠方的村落，那裡也有層疊的紅葉。遙望巍峨的高山，只有在樹林縫隙間才能窺見些許人工的跡象。視線範圍內沒有亂七八糟的建築物，尤其令人開心。

京都可就沒辦法了。電線桿、電線、公寓、住商大樓、廣告招牌等所謂的「生活感」，污染了背後的紅葉。這就是在京都無法心平氣和觀賞秋色變化的原因。

美麗、端正、樸素。尤其是毫不雜亂這點最佳。走進近江的古寺，重新感受到原來「寺」即是「山」。

盡染山林的楓紅，覆滿山門的紅葉，能夠盡情欣賞這般楓情的近江古寺「永源寺」，請務必一訪。

日登美美術館：紅酒與麵包

離開永源寺，前往湖東三山的路上，如果時間充裕的話，有一個推薦大家繞過去看看的景點。一家小小的美術館：**日登美美術館**（地圖P）。

「日登美」收藏了許多英國陶藝家貝爾納・利奇（Bernard Howell Leach）的作品，他以身為民藝派的一員聞名。

利奇年幼時代在日本度過，雖是在英國學美術，但之後又回到日本，起因是在英國遇到著有《智惠子抄》的高村光太郎，這段機緣很有意思。

日登美美術館也收藏展示河井寬次郎、富本憲吉、濱田庄司等民藝大師的作品。利奇與這些大師相比，雖然微不足道，但他的作品卻很吸睛。毫不拘泥的作風感覺親切，都是讓人想放在身旁使用的東西，而這正是「民藝」所追求的境界。

為近江深深著迷的白洲正子，卻討厭硬派的「民藝」，成為對比的兩人，都曾在「永源寺」留下了深刻的足跡，真是奇妙的緣分。

美術館的外觀乍看之下，像是到處可見的紀念品店。沒想到裡面竟然收藏有民藝派大師的作品，受限於建築物的影響，參觀的人一定很少。雖說是美術館，但專用的玄關卻大門深鎖，入口在食鋪的後面，不得已我只好穿過店鋪，結果竟然發現了極優的食鋪。

即使是開館時間，無人參觀時，門是關閉的。在食鋪收銀台買了入館券後，工作人員引導到入口，開門讓我進去。開燈後說聲「接下來請自由參觀」便離去了，完全是包場狀態。

館內應該到處都裝有監視器吧，陳列著珍稀的作品，對觀眾卻淡然處之，很高興可以不必顧慮任何人，慢慢地欣賞。

展示品包括大的壺、茶壺、豬口杯、盤子、抹茶碗、酒壺等各種形狀的器皿。有白磁，也有無釉的陶盤。印象最深刻的是「西洋棋一套」，作者果然是英國人，鮮明的個性一目了然。如此值得參觀的美術館竟然這麼不受矚目，實在非常可惜。

一個人獨佔美術館許久後，回到賣店。

「日登美酒莊」的當地紅酒當然很吸引人，但現烤出爐的麵包更令人開心。在入

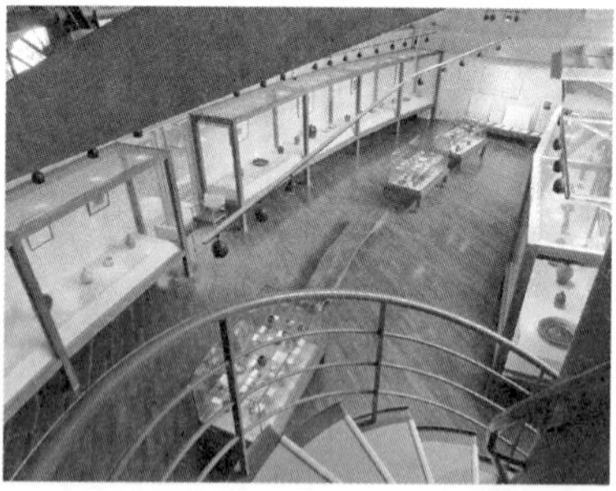
「日登美美術館」藝廊

美術館附設的食舖

口旁邊的工房現烤的各式麵包，會立刻送到賣場供客人選購。其中，法式長棍麵包最好吃。表皮烤得芳香酥脆，一咬下去，卻又鬆又軟。一問之下，原來是用紅酒酵母做成的。

京都素有「麵包王國」之稱。比起京都市區不預約就買不到的麵包店，這裡的法式長棍毫不遜色。不過，如此優質美味的麵包，竟然是在古寺巡禮的途中發現的，真是不可思議。帶著有點不一樣的近江伴手禮，往北走上近江之路。

湖東三山

離開「永源寺」後，向西北前進。這裡開始就是前往「湖東三山」——百濟寺、金剛輪寺、西明寺（皆在地圖P）的道路了。在相對狹小的地區內，聚集了這麼多間別具其趣的古寺，實在少見。

「湖東三山」一如其名，所有的寺廟都是山寺。所以許多坡道都必須靠自己爬上去，要去之前得要有心理準備。

來到湖東三山，更能實際感受到為何寺廟的入口要稱為「山門」。京都街上的寺院，從門口到本堂只要一下子就到了，沒有那種辛苦爬山才終於到達的感覺。「三山」之中，最先造訪的百濟寺，其山門是名符其實的山的入口。

✽百濟寺✽

從永源寺前往百濟寺，如果沒有塞車約需三十分鐘。到百濟寺的路線要跨越名神高速公路。有點奇妙的是，在一片民宅建築中細分了幾條往山中的路，只要依照寺廟的指標前進，不用太遠，即可抵達該寺的停車場。

百濟寺的山號是「釋迦山」。

車停在停車場，爬上前面約十級的石階，就是近江西國第十六番札所，從小小的門進去可以看到視野寬闊的廣場。這裡種著一棵奇妙的樹。菩提樹，這是種在釋迦牟尼悟道之地的樹。菩提樹的名字，來自釋迦牟尼 Gautama Buddha 的別名 Bodhi。

此樹與釋迦山的稱號極為相稱，偶爾還會遇上開花的時候，這花真是不可思議，夏至開花、七夕凋謝。每年都是按照這個日期，但這年因為氣候異常的緣故，晚了一週才開花。不過，凋謝的時間卻沒變，也就是說，花的壽命比過去都短。七月四日，總算趕上了花謝的時候，串串白花，累累滿枝，散發出馨香的氣息。菩提是有香味的花。

一整片花海香甜的氣味吸引了許多昆蟲，成群而來尋花採蜜，但彼此卻不會相爭，不可思議地共存著。寺中住持表示，聚集在此的蟲不會叮人，可能牠們也有著慈悲之心吧。釋迦牟尼悟道的故事在今世仍具影響力。

菩提樹的花

我從小門離開了寬廣的境內，來到了兩條歧路，一條是前往庭園的路，一條則前往本堂的坡道，順向的路線是先往庭園走。這裡雖然是池泉回遊式庭園，但與京都的寺廟相比，非常廣袤。配置也非精緻，而是豁達大方。應是為了營造出與山的一體感而設計的吧。

接下來爬上前往本堂的坡道，主要通道是石階，但旁邊也有別條平緩的斜坡道，名為「輕鬆平緩坡」（楽々なだら坂），回程時再走這條。去的時候順著筆直的石階往上爬，長長的樓梯教人氣喘吁吁，感嘆平時的運動不足也已太遲。上氣不接下氣地爬上來之後，終於看到了懸掛大草鞋的「仁王門」，門內有兩座面對面的金剛力士像。聽說摸摸這雙大草鞋，可以保佑身體健壯、無病長壽。

摸完草鞋，抖抖身上的塵土，行一個禮。接著走進「仁王門」，頓時感受到古剎特有的鬱蒼綠意，在爬上彎道的途中，可從樹林間的縫隙看到本堂。

這番景色深深打動了五木寬之[2]，他將這股氛圍寫在《百寺巡禮》中，正確地描述了古寺應有的樣貌，以及造訪近江此地的意義。

百濟寺的「仁王門」

在本堂，透過格子門可以近距離欣賞閃耀著金色光芒的十一面觀音，兩側則有威風凜凜的不動明王、毘沙門天鎮守著。雖然是透過格子門，但能夠如此慢慢觀賞十一面觀音的寺廟，實在少有。即使不是佛像愛好者，這份深長的感動也會延續下去。

離開本堂，往下走的路上有個鐘樓。這座鐘任何人都可以自由撞擊，這也是既難得又開心的事。走進古剎的鐘樓下面，拉住粗繩用力一撞，留下了悠長的餘韻。

試著再撞一次，比剛才留下更長的餘音。撞過後才知道，撞鐘看似單純，卻需要熟練的技巧，也就是撞了之後，要迅速拉繩。不過，為什麼要撞鐘呢？

百濟寺的鐘

首要目的應該是報時，但除此之外，應該還有什麼更深遠的意義吧？除了在除夕夜撞鐘以外，平時並沒有機會撞寺廟的鐘。寺廟附設的鐘樓功能到底是什麼呢？這種事也只有在秋天的京都、近江之旅才會去想。

這鐘聲，就算只是為了撞這口鐘而來都值得。

從「輕鬆平緩坡」快步往下，下山果然還是不要走石階比較輕鬆。走到本坊停下來，可從庭園居高臨下俯瞰，本堂附近的海拔有三百五十公尺，算是高地，故被稱為「天下遠望之名園」也是適得其所。從琵琶湖向西遠眺，還可以看到比叡山。

再往西眺望，彷彿可以看到古時的百濟國。從百濟渡海而來的人，肯定也是在這裡緬懷母國的吧。

✽金剛輪寺✽

走出百濟寺，接下來的目的地是金剛輪寺。沿國道三〇七號線往北走，這次要從名神高速公路的下面經過。行駛與百濟寺相同的路線即可到達金剛輪寺。這座寺廟也是佇立在濃密的綠林之間。

把車停在前面的停車場，進入山門「黑門」。黑門上掛著寫有「聖觀音」大字的大紅燈籠，以及「近江湖東二十七名剎靈場第十番」的木牌。

辦完參觀手續後，直直走上平緩的石板坡道。在盡頭的「西谷堂」前左轉，看著右手邊的稻荷神社往上爬，兩旁有成排的地藏菩薩迎接訪客。祂們胸前的手工圍裙還可以，但那些紅色的風車是怎麼回事？塑膠製的紅色玩意兒，可愛是可愛，但欠莊嚴。聽說是為了代替錫杖，但感覺有點毛毛的。

走過長長的參道，爬上陡峭的石階，可以看到兩側掛著大草鞋的「二天門」，據聞是室町中期建立的重要文化遺產。過去似乎曾是樓門，但現在則是一進的門。從此門中可以看到本堂。

以鎌倉時代的典型日本式建築聞名，被指定為國寶的「大悲閣本堂」雄偉壯觀。不愧是為了紀念戰

金剛輪寺

金剛輪寺參道

勝中國元軍所興建的建築，豪氣干雲。

矗立在本堂前面的是三重塔「待龍塔」。從下往上仰望，木造組合雖然精細，卻可以看得很清楚。被安置在最中央的大日如來，表情也很安穩祥和，與世無爭。

下山後，先到庭園散步。雖然標示著作者不明，但在包含桃山、江戶初期、中期等各造庭時期的池泉回遊式庭園悠閒漫步，真是賞心悅目。

深秋之時，還有被稱為「血染紅葉」（血染めのもみじ）的深紅色紅葉，染紅了整個境內。三山之中，要追賞紅葉的話，以金剛輪寺最美。

✽ 西明寺 ✽

接下來要前往的是「湖東三山」最後的西明寺。靠近金剛輪寺北邊，開車約五分鐘即可抵達。

走進掛著「西國藥師第三十二番靈場」木牌的簡樸山門，辦完參拜手續後，即可穿過庭園，前往本堂。湖東三山中，這座寺廟的坡度最平緩，走起來很輕鬆。

進入總門後就是庭園了。爬上坡道後，可以看到本堂，其構造三山皆同，都是天台宗的寺院。每座寺廟的總門都是面向西邊，這樣應該就與比叡山「延曆寺」面對面了吧。我站在本堂前想著。這裡與金剛輪寺相同，旁邊也有座三重塔。鎌倉時代建立的本堂有著檜木樹皮葺蓋的屋頂，造型優美。據聞堂內保存有許多寺寶，令人充滿期待。

不知從正面進入是否恰當，正在逡巡徘徊時，本堂裡面有人出聲引導我進入堂內。

這座龍應山西明寺保存有平常不開放的珍貴祕佛，我在平成二十二年（西元二〇一〇年）造訪時，男性導覽人員表示，因是虎年，所以遇上了「開帳」[3]，得以一睹祕佛本尊。當時沒有其他參拜客，全程享受個人導覽，實在非常幸運。

首先看到的是十二神將各持不同的武器，分別引領七千名護法，保護藥師如來的十二位神祇，對應干支，頭上頂著象徵干支的造型。我的生肖屬龍，是「頞儞羅（梵名Anila）大

西明寺的總門

將」，看起來非常勇壯。

「釋迦如來」、「日光、月光菩薩」，以及主佛「藥師如來」。依序聽著解說，慢慢地參觀本堂內外。每一件都是重要文化遺產等級的貴重寶物。

通稱「虎藥師」，正式名稱為「御前立 祕佛藥師琉璃光如來立像」的本尊，為何會在虎年開帳呢？這是因為「藥師如來」是站在老虎的身上，是用一整棵檜木雕成的江戶時期作品。

普賢菩薩坐在白象上、文殊菩薩坐在獅子上，菩薩坐在動物上面的形象偶有可見，但坐在動物身上的如來，可就很少見了。藥師如來與老虎之間，到底有什麼緣分呢？原本打算找時機詢問，但因不好打斷解說，結果沒能問到。

不過，真的是拜見了非常厲害的佛像。

接著是「阿彌陀三尊」。這三尊佛像，據傳是鎌倉時代快慶[4]的作品，既神聖又優美。供奉在正中央的，是中尊「阿彌陀如來」，檜木的嵌木細工非常精美。右側是左脅侍的觀音菩薩、左側是右脅侍的勢若菩薩。每座像的光背（背後光相）都很美，真的是所謂的佛光普照。一般來說，大部分的光背都是金屬製，但這裡卻是木製。沒有折斷保存至今也真厲害。

「阿彌陀三尊」在京都的清涼寺、三千院、仁和寺都有供奉，皆為坐像或跪像，三尊都是立像還是第一次看到。我告訴導覽人員這件事後，他從口袋裡拿出手電筒，我正納悶時，只見他默默地將燈光照向兩旁的菩薩，眼前頓時出現了驚人的景象。

菩薩的眼神，隨著光線的照射產生了戲劇性的變化。依據照射的角度，有時是柔和的眼神，有時則閃爍著銳利的目光。究竟是什麼樣的雕刻手法，可以做到這種程度呢？心中交織著不可思議的想法與深深的感動。

因為這番邂逅，西明寺成了我喜愛的寺廟之一。

在此漫步，總覺得跟某座寺廟很類似。好像是近年來被稱為世紀性發現的那座寺廟。

靈光一現，是奈良的「新藥師寺」。這座寺廟，相傳是我心目中的理想女性光明皇后在聖武天皇罹患重病時，為祈求病癒而興建的寺廟，雖然詳情不明，但近年來發現了遺跡，得知其規模是遠遠超過現在的巨大寺院。西明寺就很類似當時的模樣。

昔日的「新藥師寺」有著今日七倍大的驚人規模，西明寺雖然比較小，但配置幾乎一樣。主祀藥師如來，有日光、月光的脅侍、十二神將、守護方位的天王等，這座湖東的寺廟，與光明皇后的祈願形制相同。

生在天平時代（西元七二九年—七四九年）的光明皇后，我總認為應該受到更多讚揚。紀錄顯示她散盡私財、拯救生靈的崇高姿態，親自清洗病人的污穢，消弭貴賤的隔閡，真真切切是為了榮耀日本這個國家而生的一位女性。光明皇后的構想可以在「西明寺」看到。

「西明寺」的附近，也有一座同名的寺廟，屬於淨土真宗本願寺派。為什麼距離這麼近，會有同名但不同宗派的寺廟呢？真是奇妙，而且好像也是位於深山裡。

西明寺境內

多賀大社

近江的「四寺一社迴廊」，最後的一社是「多賀大社」。鄰近彥根的神社，散發出類似伊勢神宮的氛圍，但比起伊勢神宮，規模較小，感覺也較親切。同樣都是神域，卻沒有緊張肅穆的氣氛，而是充滿了寧靜祥和。

多賀大社的太閤橋

「御神門」前面石造的太鼓橋、太閤橋，造型古趣，老老少少帶著笑意慎重地上上下下。有點像伊勢神宮裡架在五十鈴川上的宇治橋，但感覺完全不同。

爬上去看看，坡度非常陡峭，上去還勉強可以，下來可就恐怖了。近江的「四寺一社迴廊」，每一處的上下坡度都很陡，腿好痠。

多賀大社的境內散布了超過十處的攝社、

末社等小型神社，因為沒時間全部參觀，所以只看有興趣的部分。

進入「御神門」，在手水舍淨身後，首先從「拜殿」開始，先向伊邪那美大神、伊邪那岐大神兩大祭神合掌作揖。聽說對於夫婦圓滿很靈驗，我特別誠心參拜。

十四座攝社中，「金咲稻荷神社」引起了我的注意。綻放金花的稻荷神社，感覺就是很靈驗的名字，當然是保佑生意興隆的，我合上雙手，祈求財運。

順道一提，旁邊的**胡宮神社**（地圖P），紅葉盛況相當精彩。時間許可的話務必繞過來看看。

此時，剛好到了中午時分，「太閤橋」前面有好幾家茶店，應該都有供餐，但因為附近有一家很久以前就想去吃吃看的蕎麥麵店，我便再多走了幾步。

多賀大社

✿ 蕎麥麵吉 ✿

多賀大社所在的多賀町，是近畿地區最大的蕎麥產地，有著適合栽種蕎麥的土壤，與鈴鹿山系湧出的清冽水源，此地種出來的蕎麥，非常好吃。我來到了多賀大社附近的人氣名店「蕎麥麵吉」（地圖P㊲）。

因為剛好遇上週末，寬敞的店內已是高朋滿座，在依序等候的座位上，一手拿著菜單稍作等待。雖然也有提供湯麵，但大多數的客人好像都在吃冷麵，我豁出去點了一七五〇日圓的「三色天婦羅蕎麥麵」，在架高地板座位區坐了下來。

天婦羅先送上來，兩隻大蝦、南瓜、獅子唐青椒仔、海苔，熱呼呼的，炸得酥脆。天婦羅沾醬同時也是蕎麥麵沾醬，剛炸好的蝦子，香氣逼人，剛好吃完一隻時，三色蕎麥麵也登場了。坐下來還不到十分鐘呢！

從京都到各地，都有點餐後要等很久的蕎麥麵店。從坐定到上菜，平日要三十分鐘，週六日則要等上將近一小時才能端上一盤蕎麥麵，這種店該好好反省了。那些總是大排長龍的人氣店家，雖常是非上班族的客人在排，但我覺得，若得貼出「謝絕五人以上，週六日敬請耐心等候」的公告，就該精進手藝，提升出菜的速度才是。不知為什麼有不少縱容這種店的「蕎麥麵通」，實在很想大聲喊道，做興趣和做生意應該分清楚才對！

再回到蕎麥麵。「蕎麥麵吉」店內寫著蕎麥的品種是「常陸秋蕎麥」，是產自過去有金砂鄉之稱的蕎麥名產地——常陸（茨城縣的大部分），經過精選後的在來品種。三色蕎麥麵每天的顏色都不一樣，這一天是粗蕎麥麵、茶蕎麥麵以及柚子蕎麥麵。

我去的時候，因為用的是夏天的蕎麥，香味較淡，雖然有點可惜，但口感非常好。冷蕎麥麵就該是這樣，像是示範品般的滋味。值得一書的還有份量。現在很多蕎麥麵店明明說是大份的，但重點的蕎麥麵卻只給一點點，「蕎麥麵吉」可大不相同。

蕎麥麵吉的三色天婦羅蕎麥麵

老實說，因為聽說是神社前有名的蕎麥麵，所以並不抱持期待，沒想到完全是值得特地前往的水準。在很少提供特殊口味蕎麥麵的京都，不必考慮，必定要來。

多賀參拜與多賀蕎麥。進入深秋後，還有「鴨肉南蠻蕎麥麵」。八百五十日圓的平價消費令人開心。前面提到那些要等很久的店，鴨肉蕎麥麵都要價將近兩倍，一千六百日圓。京都獨特的自大生意人，差不多也該畢業了。

蕎麥麵應該是要輕鬆愉快享用的，曾幾何時，被店老闆的堅持所迫，變成了死板拘束的食物了，這是怎麼回事？

過去在江戶盛極一時，吃蕎麥麵之前總要點些小菜，喝上一杯，客人與店家打成一片，營造和樂融融的氣氛，這應該是蕎麥麵店的工作。但最近流行的蕎麥麵店，則是在肅殺的氛圍中，不發一語地擤著麵，不覺得好像哪裡搞錯了嗎？

被譽為蕎聖的片倉康雄，在九泉之下會怎麼看待現在的蕎麥麵風潮呢？聽說這家「蕎麥麵吉」，就是傳承自片倉創立的「一茶庵」，難怪與眾不同。鄉間也很少見的，愉快地擤著蕎麥麵的店。

琵琶湖東岸的美味巡禮

滋味・康月

到草津去度週末，已經好幾年了。我以車站前的飯店「草津波士頓廣場飯店」為據點，大多數的時間都在寫作，一有空檔，就到近江樂逍遙。當初我最擔心的就是「吃」了，因為長年住在美食的寶庫，在京都時完全不必煩惱日用的飲食。即使會猶豫要吃什麼、去哪裡吃，但從來不需要特地去找好吃的。

這樣說雖然有點失禮，不過，連介紹餐廳的書都很少提到近江了，要找到好吃的店應該很難吧，沒想到我的擔心完全是多此一舉。近江與京都一樣，到處都有美食，不，或許還超越京都了，讓我夜夜都期待著今天要吃些什麼。

一開始提到的草津車站，附近有一家「滋味・康月」（地圖Q㊳），現在已經是我在草津不可或缺的店了，遇到這家店，讓我再次感受到奇妙的因緣。

在陌生的地方要找吃的，通常都是靠口耳相傳。因為嘗過太多次旅遊書及網路資訊的苦，非不得已，盡量不用。

靠口耳相傳尋找店家時，最重要的就是第一間。這個絕對不能搞錯，如果能找到當地值得一去、最好的店，之後再順藤摸瓜去找別的即可。大部分的地方用這個方法都能找到許多店家。不過，真要是走投無路時，極為難得的，我也會參考網路資訊，大致瀏覽一下「Tabelog」或「GURUNAVI」等美食網站，找找有沒有喜歡的店。不過，通常都是看了半天卻沒有行動，因為總感覺無法信任。可以稱得上成功的案例少之又少。

週日晌午過後，不抱持太多期待，我在草津的飯店瀏覽「GURUNAVI」時，突然看到了一家店，大為吃驚！真的會有這種事嗎？我提高警覺，重新戴好眼鏡，整理一下思緒，連看了好幾次仍然無法置信。怎麼可能會有這種店嘛！

我先把網頁關掉，決定裝作不知道，來個出其不意，再次打開網站，果然還是同一頁。莫非開運福狸來到草津了？好，若是如此，我可要讓福狸現出原形。帶著三分期待、七分懷疑，立刻預約好當天晚上，壓抑著激昂的心情等待夜晚的到來。

讀到這裡，應該很多人心中充滿了問號吧！搞得像推理小說一般，令人焦急，敬請見諒，現在就來揭曉謎底了。

京都洛北，名剎銀閣寺參道上有一家名為「草喰中東」的日本料理店，是拙著中屢次出現的名店。會看本書的京都迷肯定有去吃過，不然也有聽過店名才是。

「草喰中東」也以京都最難預約的店著稱，而且還不是只打電預約就好，跟PIA網路售票系統一樣，不到規定的時間還沒辦法預約。前一個月一號的早上八點，開始受理下個月的電話預約，但不到五分鐘就全部客滿了。

開店不久後，我還出了一本書《食草》（草を喰む），專門介紹這家店。所以大約十年前，一個月一定會去一次，這幾年除了採訪以外，幾乎不去了，因為實在很想讓還沒體驗過「中東」的人品嚐看看，哪怕是多一個人也好。

雖然如此，偶爾還是會非常想吃。但如此獨一無二的店，不可能會有替代者，所以一直勉強忍耐著。

在「GURUNAVI」上面看到的店，介紹文中竟然有「中東」的字樣。「草喰中東出身的料理長」，千真萬確地寫著。

神一定是憐憫我，要給暫居在草津這種鄉下地方（抱歉！）的我獎勵吧。「滋味・康月」似乎是傳承自「草喰中東」正統的店。

「草喰中東」開店以來也已過了一段時間。將近二十年前，該店的出現給京都的日本料理界投下了難以算計的震撼彈。

顛覆了生魚片非瀨戸內產的鯛魚不可的京料理印象，「中東」大膽使用鯉魚生魚片，並將不過是配色的蔬菜當成料理的主角。

在吧檯中設置爐灶，端上在客人面前用土鍋煮的飯，佐以使用同個爐灶的烤魚干。說著「這是本店主菜」的招牌台詞，很快地就大獲好評，瞬間成為生意超好、順應時代潮流的料理店。

之後將近二十年，類似的店家如雨後春筍般地冒了出來。彷彿古早以前就有似的，在開放式廚房正中央設置爐灶，用令人誤以為是「草喰中東」的「雲井窯」土鍋煮飯，當作一種表演。連一開始端出來像粥狀的飯，到後來出場的鍋巴都模仿得一分不差。

如果是跟「草喰中東」稍有淵源的店，當然會開心地支持，但毫無關聯的廚師模仿皮毛的店，我可一點兒興趣都沒有。不覺得這種毫無矜持的廚師能做出什麼像樣的料理。

正是在浪速（大阪古稱）學會的工作，在浪速這個地方開設浪速割烹風格的店，才能發揮向師父學習的真功夫。突然走出京都，展示用爐灶煮的飯，只會讓人滿頭霧水。做出一家店的味道的是「心」，而傳授此道的是「師父」。未曾在「草喰中東」修業過的廚師，只會模仿表皮的店，我實在無法誠實地給予掌聲。

「草喰中東」、「米村餐廳」、「祇園佐佐木」、「千尋」（千ひろ），這些店都是承襲過去曾修業過的店家樣式，加上巧思變化所創造出來的，因此別具價值。既然在浪速的名店修業過、在近江的料亭學習過，更應該將師父的料理傳承下去。

在客人面前展示用土鍋煮的飯後再端給客人，我對於這種不到位的表演感到淒涼，不曾感動。如果這家「滋味・康月」是開在祇園附近，我肯定興致缺缺，但那些美食寫手或部落客一定會立刻前去讚聲連連。

不過，店開了兩三個月，他們都沒有要去造訪的意思。因為，對公認自認「美食專家」的人而言，在京都的店才是店。要是開在滋賀縣，不管多棒的店都吸引不了他們。

這真是神的旨意。因為能在沒有「美食達人」、「美食專家」佔領的吧檯席，盡情享用傳承自「草喰中東」的精神。若要說明「滋味・康月」，最適合的一句話就是「如果『草喰中東』是居酒屋割烹的話」。

現在的年輕人對於志村健的搞笑喜劇應該沒印象，或許也看不懂我剛才講的那句話。但對我而言，是繼「草喰中東」之後，再次殷切期盼的「草喰中東風居酒屋割烹」。而且經過這麼久的時間，又是出現在我週末暫住的草津，真可說是奇蹟了。

「滋味・康月」位於草津站東口步行三分鐘，一棟處處可見的住商大樓地下樓。從面對馬路的一樓往地下樓走去，樓梯間堆放了柴薪、農具等，帶有鄉下的古民家風擺設。感覺像是「草喰中東」，卻又完全不同。

進入店內後，會看到拉門，拉開後，一個不可思議的空間映入眼簾。左邊有圍著開放式廚房的吧檯席，右手邊則是架高地板座位區，以及用拉門隔間的包廂桌椅區。預約一個人的話，當然是坐吧檯席。

開放式廚房中，最吸引人目光的就是塗成黑色的爐灶，上面放著三口土鍋。這當然是跟「草喰中東」一樣的雲井窯。爐灶上供著神棚，旁邊貼著京都店家必備的「愛宕神社」防火符「火迺要慎」（小心用火）。爐灶旁設有炭火爐，蓋著大大的排煙罩。想到剛煮好的土鍋炊飯、炭火燒烤等，便愈發期待了。

寬敞的吧檯上，排放著從「草喰中東」退役下來的木製方盤，看得出來歲月的痕跡。先來的客人已經開始用餐了。椅子坐起來很舒服，真是開心。一邊看著廚師烹調的模樣，一邊耐心地等待料理上桌。不經意地發現店裡面還有酒莊，所以一被問要喝什麼時，毫不猶豫就點了氣泡紅酒。

穿著和服的女性工作人員竟然也是侍酒師。「草喰中東」加上女侍酒師，對喜愛紅酒的我而言，簡直就是最強組合了嘛。

漆器的冰酒器送了上來，氣泡酒也已開瓶。無聲地打開酒瓶，悄悄品酒的女侍酒師讓我怦然心動。雖然也有提供套餐料理，但基本上是單點。菜單本上羅列了基本菜色，和紙上則寫了另外推薦的料理。

用氣泡酒潤喉之後，「草喰中東」的「八寸」上桌了，用居酒屋的話來說，就像是「前菜」一樣。以蔬菜為主，配上小小的壽司或燉煮貝類等，好幾種擺盤，很漂亮。

看著眼前握著菜刀的廚師，讓我想起了在「草喰中東」的料理人身影，因為髮型及身形完全不同，所以暫時想不起來，但一看到那切生魚片的刀功，就回憶起了當年的情景。去採訪時看過好幾次。

本系列要發行新書版時，我其實還沒有遇到這家「滋味・康月」，卻已多次推薦近江、草津

「滋味・康月」吧檯內

「滋味・康月」的前菜

了。彷彿有預感會與這家店相遇似的，明明是京都的書卻強力宣傳草津，一定是因為預知這家店會出現吧。喜愛草津的人，大概會認為是為了介紹這家店所埋下的伏筆吧。

備長炭獨特的堅硬金屬聲作響。烤架上正用炭火烤著鰻魚。接下來要吃什麼呢？看著菜單，愈看愈高興。

蛋捲七百日圓、牛筋豆腐九百日圓，甚至炸魷魚腳也只要八百日圓，根本就是居酒屋的平價菜色。邊看著其他客人享用的料理，邊挑選菜單。全權交給主廚調配也不錯，但我還是特別偏好這種單點料理。

五十歲後半之後，因為也吃不了那麼多了，開始喜歡按照自己的步調，慢慢地享受一道道的料理。若是一道接著一道上，品嚐後馬上就會想要解決掉，以便迎接下一道。

「前菜」之後，吃完赤鯥生魚片、乾烤鰻魚，就結束了第一次的體驗。後來又來光臨了好幾十次，幾乎都是「前菜」之後來一碗白味噌湯，之後點個一兩道，再用飯類做結束這種模式。我是公認自認的喜新厭舊，但到現在還沒感覺膩過。

從ＪＲ京都站出發，只要二十分鐘。從草津站步行也僅三分鐘。這裡還是承繼京都最難預約名店的店家。不要只顧關注祇園，能將腳步延伸到這種地方的才是真正的京都迷。

坐空：年輪蛋糕豬

在人生地不熟的地方，除了口耳相傳以外，要尋找美味店家的祕訣，關鍵就在於營業時間之前的感覺。只有晚上營業的店，就要在傍晚之前過去看看；白天也有開的店，就要在早上九點到十點左右。在開店之前去，只要沒有散亂的垃圾、殘羹廚餘的臭味，就算合格，如果打掃得很乾淨，絕對就可以打星星了。不過，這些都是在工作人員還沒來的時候才算。這點可要看清楚，如果連工作人員來了還很髒的話，那就沒什麼好說的了。

鄉下的商店街，深夜營業的店都是固定的，不同的店家，差異也很大。即使是全國連鎖店，個別的清潔度也各不相同。從草津站走幾分鐘即可抵達的「坐空」（地圖Q㊵），可說是最井然有序的了。

話說，到目前為止是第一階段。接下來是預約電話，算好開始準備開店的時間，看著事先寫好的紙條，打電話過去。如果晚上六點開店的話，大概四點過後左右打電話。如果這個時間點還沒人接電話，就直接打叉。包含事前準備，兩個小時前進去店裡可說是最低限度了。

電話一旦接通，就要開始問問題了。菜單也好，座位也好，什麼都可以問。我的話，則會問紅酒的種類、價格，以及是否有吧檯席？可否抽菸等，如果對方可以馬上答得出來，就沒什麼問題，繼續進行預約。如果無法回答或途中換手接聽，便打上三角形。每次詢問時都說「請稍等一下」，讓人等很久則打叉。

覺得這麼做很麻煩的人，也沒辦法，請做好踩到地雷的心理準備吧。附帶一提，我用這個方法幾乎未曾失敗過。

回到這家店，除了吧檯席可抽菸的缺點外，全部都合格。我便按照預約的時間前往。

位於草津站東口一路延伸的拱廊商店街中間，是在任何地方都可以看得到、乍看之下很普遍的時下居酒屋。

店名稱為「坐空」，讀成「Zaku」，據說是取自於「鋼彈」[5]。會把店取這麼奇特的名字，應該也不是等閒之輩，一問之下，老闆好像原本是不良少年。這樣的年輕人奮發向上所開的店，當然充滿了幹勁。為了取得當地居民的信任，還擔任志工發起草津的清掃活動，成為地方上的領導人物。是段頗具商人之都、近江之國風格的佳話。

本店的特色菜是「年輪蛋糕豬」。全世界有許多名牌豬，皆是使用奢侈的飼養方法，但應該沒有能比得上這種豬的了，畢竟這可是用大排長龍的人氣甜點餵食長大的豬。年輪蛋糕豬，名聲尚未遠播。

在大阪梅田，為了買阪神百貨地下街的名產——「CLUB HARIE」的年輪蛋糕，人群總是大排長龍，聽說到了週末

「坐空」的年輪蛋糕豬

排上一小時也不足為奇。最近還風靡了日本全國。「年輪蛋糕豬」，雖然吃的是蛋糕切邊，但就是用這麼珍貴的甜點養大的。所以來到「坐空」，當然第一個就要點這個囉。簡單地燒烤、石烤就很好吃，最後在客人面前淋上燒酎。熱呼呼地大口咬下，似乎還帶有些微年輪蛋糕的甜味。姑且不論有沒有甜味，絕對是味美濃郁的豬肉。做成烤肉串或滷肉，都特別美味。燒酎、紅酒、日本酒等酒單也很豐富，不知不覺就喝多了。

就此打住也可以，但草津還有很多好吃的店，所以草津的夜晚肯定是續攤連連的。

金燕之家：煎餃

靠近「坐空」，同一條商店街上有一家看似到處可見的中華料理店，店名叫「金燕之家」（金燕の家，地圖Q㊴）。首先，店名就很引人注目，金燕，也就是燕窩。高級中菜食材的代表。肯定是想追求頂尖水準吧，在此也用剛才的方法，白天先去探勘看看。附近還有「餃子的王將」，不知是否值得一去。

要挖出這種店真正的底子很簡單，吃吃看餃子就略知一二了。高級中華料理店沒有的菜色，卻是街上中菜館不可少的一道。既成品另當別論，煎得亂七八糟，不成形的當然不行。可以將大小均一的美型餃子煎得漂漂亮亮，熱騰騰地上桌就算過關了。

第一次吃這家的餃子時，衝擊非常大。或許也是因為沒有抱持太多期望的緣故，不過還真是好吃的餃子。餡、皮、煎法，全都極好。那時剛好與對餃子很有研究的攝影師同席，他也對這番美味嘖嘖稱道，所以可說是有專家掛保證的。

過了些時日再度造訪，除了六個三百八十日圓的餃子外，我也嚐了六百七十日圓的店內招牌草津拉麵及炒飯，兩個皆遠遠超過街上的中菜館水準。

離開京都也有不會後悔、不容低估的中華料理店。

北近江的美食——米原・長濱・彥根

鐵路便當「湖北的故事」

對遠離大海的京都人而言，附近的琵琶湖是可以親水休憩的重要場所。若把「近江」一詞解釋成近海，就可知語源是來自京都的觀點了，可見京都與滋賀間的關係是如此緊密。

說到美食，京都當然非常多，但「近江」卻有一些完全不同的美味，尤其是在湖東到湖北這個區域，山裡湖裡的珍饈更是不勝枚舉。

從京都前往「近江」，只要越過比叡或逢坂山頭，馬上就到了。以新幹線來說，京都的下一站是米原，真的就是在隔壁而已，搭乘新幹線「回聲」（こだま）號只要二十分鐘。坐琵琶湖線的新快速列車也花不到一小時，是出去走走剛剛好的距離。

米原是從東海道新幹線，到琵琶湖線、東海道本線、北陸本線，甚至是近江鐵道本線交會的要衝之地。這裡會出現人氣鐵路便當，也是想當然耳的事。

到米原後，先買一個鐵路便當，就是在鐵路便當迷界也很火紅的「湖北的故事」（湖北のおはなし）。解開唐草圖案的包巾，打開竹簾便當盒，裡面有鴨肉配上「永源寺蒟蒻」、蝦豆等，滿滿都是近江的特產。可以的話，建議可到水岸邊聽著水聲慢慢享用。春天時紅豆飯的餡料是山菜，夏天則換成毛豆，也很有意思。與其他滿是炸物的便當不同，清爽的口味，當作早餐也很適合。

翼果樓與鳥喜多

填飽肚子後，沿著湖畔往北走，來到長濱的街上。

在北國街道的老街悠閒漫步，一邊物色名產，一邊煩惱著等一下午餐要吃什麼。來到長濱必吃的午餐有兩種：**翼果樓**（地圖O㉞）的烤鯖魚麵線以及**鳥喜多**（地圖O㉟）的親子丼。

這兩道都是必須來到這裡才能吃得到的，以前年輕力盛時，輕輕鬆鬆就可以把兩樣鏟平，現在可不行了，但又難以捨棄任何一邊，所以我想了一個方法，先去「翼果樓」。烤鯖魚麵線可說是長濱的特產。在京都比較少人知道，但其實這道料理已有很長的歷史，還帶有精彩的故事。

湖北長濱的初夏，在插秧時期，娘家母親會寄烤鯖魚給嫁到農家的女兒，稱之為「五月見舞」。這是因為母親擔心女兒在農忙時期被農作及家事追著跑，所以寄來可以馬上吃的食材，讓女兒可以把鯖魚跟麵線一起煮給公婆吃。曾幾何時就變成長濱「曳山祭」中招待客人的佳餚了。散居在各地的親戚因為「曳山祭」而返鄉聚集。烤鯖魚麵線充滿故鄉的滋味。從體貼女兒的母親開始，成了聯繫家族感情的料理。

「翼果樓」的烤鯖魚麵線可以外帶。冷了之後更好吃，

「翼果樓」的烤鯖魚麵線

當作睡前酒的小菜更是適合。我買了之後，帶著麵線加入了「鳥喜多」的排隊行列。

這家店其實不是親子丼的專賣店，有豬排蓋飯也有烏龍麵等，就是一家普通的麵類食堂。但因親子丼的美味大獲好評，不知不覺中，說到「鳥喜多」就會讓人想到親子丼了。在京都也是如此，親子丼的人氣店家一定得排隊。在湖北長濱也不例外，白天一定有排隊的人潮守在店門外。我雖然很討厭為了吃而排隊，但只有這裡例外。隊伍出乎意料地，前進地很快，而且一想起那個味道就絕對無法棄守了。

超過八成客人點的招牌親子丼，配上代替湯品的雞肉鍋，這個組合是我的「鳥喜多」吃法。兩種加起來剛好一千日圓。排隊的時候偶爾會想換成豬排蓋飯，但一進入店裡要點餐時，不知怎地總是會說出：「親子丼！」

這麼具有吸引力的親子丼，有兩種口味。親子丼加上蛋黃飯。其他店家也有在親子丼上放上蛋黃的作法，但奇妙的是，沒辦法像「鳥喜多」的一樣與親子丼合而為一。一開始吃時，把蛋黃戳破就是蛋黃飯，但吃著吃著，不知不覺就會變成親子丼了，非常不可思議的味道。生薑風味的湯「雞肉鍋」也很好吃，兩種加起來才一千日圓，卻可以享用三種滋味，真的可以說是超划算。絕對值得排隊。

而且，這家店的可看之處，還有老闆夫婦的態度。大多這種人氣店家，一般對待客人都是很不客氣的。優先招待媒體，輕視普通客人。對排隊的客人，一副「施捨」的姿態，開店之初的自尊早已消失殆盡，價格也直線上升。

可是，「鳥喜多」不一樣。從十五年前第一次去到現在，店家的態度絲毫未變。盡心盡力做出一碗親子丼，將心滿意足走出店家的客人笑容，視為無上的激勵，接著第二天繼續努力。這樣的心志，奇蹟似地讓親子丼更顯美味。

「鳥喜多」的親子丼

希望尚未體驗過「鳥喜多」的人，當作被騙也好，一定要吃吃看這家親子丼。從京都到日本各地，號稱日本第一的親子丼不計其數，但你一定要來嚐嚐這不同的滋味。

一些京都的知名店家，當初的崇高理想不知何處去了。隨著隊伍愈排愈長，價格也年年上漲，味道卻成反比下降。「鳥喜多」的截然不同，親眼可見。憑著這一點，就值得特地來湖北長濱一趟。

京都日漸失去的，近江一直都保有著。

因為是隊伍連綿不絕的店，我速速地吃完，瀟灑地離去。一走出店門，長長的人龍中，怨恨的眼神如萬箭般射來，真是既抱歉又驕傲。

木村香魚

米原到長濱，搭JR北陸本線要十分鐘。米原到彥根，搭琵琶湖線則是五分鐘。路線名稱雖然不同，但因是直達電車，所以來去三個地方只要十五分鐘。從京都過來半天就很夠了。

彥根，因吉祥物界人氣很高的「彥根貓」而廣為人知。彥根城以及城前面的城街也是觀光客的人氣景點。有漂亮石砌牆的彥根城絕對值得參觀，從天守閣俯瞰的景觀更是一絕，請務必登城看看。此時別忘了買「木村香魚」（地圖O㊱）的香魚罐頭當作伴手禮。

「木村香魚」位於城街中間左右，店中擺滿了用琵琶湖特產的香魚做成的各種商品。

包括佃煮或香魚雜炊（口味清淡的鹹粥）的原料等，適合當作近江伴手禮的商品琳瑯滿目，但其中我最推薦的是香魚罐頭。煮成清爽口味的大尾香魚，切成橫塊放入罐頭中。打開時看起來有點像鮭魚罐頭。運氣好的話，還會買到帶卵的香魚，拿來當下酒菜再適合不過了。

店內還有內用區，提供香魚雜炊搭配鹽烤或一夜干香魚的午餐套餐。從此店就可以看出琵琶湖與香魚間的關係有多緊密。

還有山椒風味的小香魚、蝦豆、蜆貝、杜父魚等各種豐富的懷舊滋味，推薦一定要配飯吃。

木村香魚

一轉眼，把近江草津當作週末的據點，也有好幾年了。這期間也走訪了許多隱密的名店、寧靜的古寺等，但仍被其無止盡的魅力深深吸引。矗立在凜然氣息中的古剎、樸實而真誠的小店，這些都是京都正逐漸失去的。尤其是店家，要向近江學習的地方還有很多。近江不愧是近江商人之都，店家好，客人好，世道好，充滿了這三好的精神。

到近江去吃飯或採訪，總是心情很好地離開店家。這在觀光都市京都可是很難的。採訪時明明很親切地接待，等到自己一個人去時就變得愛理不理。還有在採訪時會虛張聲勢，或姿態高不可攀的店。

近江的店，不管面對客人或是採訪，總是用相同態度的接待，尊重對方的立場。我想今後仍會繼續去近江精選店家，介紹給各位。

1 因創建時的寺廟已為戰火所燒毀，故現存井然有序的配置顯然為後代重建。
2 五木寬之，日本小說家、隨筆家，曾獲直木賞、菊池寬賞。
3 將原本沒有開放參觀的佛像幃帳揭開，對外公開，供信徒禮拜的儀式。
4 佛教徒與藝術家，活躍於西元十二世紀前後，擅長佛教藝術創作。
5 Zaku Warrior（薩克戰士），Zaku Phantom（薩克幽靈），日本動畫作品「鋼彈」中的人型兵器。

第五章
秋季旅宿

旅宿宿坊、紅葉名勝

來去寺廟住一晚

雖然現在宿坊[1]蔚為風潮，但宿坊並不是最近才出現的，而是已經擁有悠久的歷史；也常聽聞現在知名的日式旅館在過去曾經是宿坊。在京都，洛北花背的名宿「美山莊」便是從「峰定寺」的宿坊起家的，而日本三大古湯之一的有馬溫泉，常見旅宿店名帶有「坊」字，也代表著過去曾是宿坊。

來去寺廟住一晚。如果沒有相當的理由，一般旅客應該不會做此選擇，因為首先就不知道住宿的方法。

非佛教徒可以住嗎？餐點只有素食嗎？早上非得早起嗎？可以喝酒嗎？是大通鋪還是個人房呢？必須上早課嗎？坐禪時會被用香板打嗎？價格是固定的嗎？還是要奉獻

或布施呢？而且，到底有哪間寺廟有提供住宿呢……？充滿了疑問。旅行應該是很愉快的，有必要特意去住寺廟這麼辛苦嗎？大部分的人應該都會這麼想吧，寺廟方面也沒有積極地招攬。

長年的不景氣，肯定是宿坊崛起的契機之一。旅客開始想，住宿坊一定比一般的住宿便宜，而且可能還可以淨化心靈。寺廟方面也將之視為佛像風潮，開始重視。

寺廟面臨的環境有了顯著的變化，隨著施主的減少，若沒有來自非特定的多數參拜客奉獻，就愈來愈難以維持寺廟的經營。必須有足夠的香油錢、奉獻金、參拜費，才能保存許多貴重的文化財，於是，寺廟為了吸引參拜客，開始認真舉辦點燈等活動。其中的一環，便是充實宿坊的設備。旅客、寺方兩者的想法一致，開始有專門介紹宿坊的電視節目出現，宿坊的旅遊書擠進了暢銷書的行列。有許多寺廟的京都，當然宿坊也不少。在京都住宿坊也是個不壞的選擇。

過去，我在名古屋「榮中日文化中心」舉辦「一個人的京都樂遊」講座時，有好幾個聽眾都問有沒有推薦的京都宿坊？當時便感受到住宿宿坊已經開始深入民心了。

宿坊大致分成兩大類，一種是古早的「住宿寺廟」，非常質樸。另一種是稱為新型態的宿坊，不輸旅館或飯店的豪華旅宿。光看房間的照片，絕對想不到這是宿坊。而開創這種新型態的先鋒者是高野山。

大約十年前，我第一次體驗的宿坊就是高野山。當時對其充實的設備已經驚為天人，現在又更加進化，變得更厲害了。

名為「普門院」的別格本山，位於高野山的山腳下，近年重新裝潢，改造成五間特別房，任何人一看都會覺得是高級商務旅館。例如最寬敞的房型「龍膽」是約五坪大小的和室，加上兩小床的雙人房，還有三十七吋液晶電視。雖然沒有浴室，但可以在別處包場使用。廁所採用最新型的免治馬桶，可以上網。料理還會送到房間裡，真是接待周到的模範。

一個人住宿最高級的房型，附兩餐，含稅是三萬六千日元整。以宿坊來說算是很貴，但比起旅館或飯店，價格很合理。不過，當然有人會想，這樣不就失去了住在宿坊的意義了嗎？雖說如此，規定很多的宿坊，還是有一項無法取代的，大部分的宿坊應該都是如此。

那就是可以感受到旅館或飯店所沒有的，宿坊獨特的氣氛，透過抄寫經文或早課等，稍微沾染一下僧侶的氣息，卻又可以過得舒適愉快。這可是出乎意料困難的要求呢。

我參考宿坊迷友人的資訊，嘗試住過幾間宿坊。但我始終避開所謂針對進階者的核心宿坊。因為我只是為了推薦給想在京都旅程中，覺得偶爾住宿坊也不錯的旅客。建議大家可以先從這些宿坊開始，如果喜歡的話，再去追求更道地的。

因此，就讓我來為只住旅館或飯店，連民宿都不太喜歡的人，介紹幾間宿坊吧！

長樂寺遊行庵

在東山「八坂神社」最深處的山腳下，有一座靜靜佇立的**長樂寺**（地圖D）。從圓山公園往東走，在右手邊看到「大谷祖廟」的圍牆後，盡頭成排的燈籠處就是目的地了。

平安時期，這座「長樂寺」受桓武天皇的敕命，由傳教大師開基創建。過去幾乎包含了整座圓山公園，擁有廣大的腹地，但隨著「大谷祖廟」的興建，不得已只好縮小。

此處流傳著平家於壇之浦之役[2]戰敗之際，成為囚人的建禮門院德子[3]被帶回京都，在這座「長樂寺」削髮出家的悲歌。境內還有傳說中收藏德子頭髮的御塔。

建禮門院御塔

這裡保存了幕末文人賴山陽[4]的墓、安政大獄事件[5]中被處決的水戶藩士之墓等，是與幕末很有淵源的寺廟，但另一個可看之處，則是眺望市區的景觀。相傳由相阿彌[6]打造的庭園，據說是在構思「銀閣寺」庭園時的試作品。曾遭火災燒毀的收藏庫也已重建，值得一看。

庭園池中倒映的紅葉，覆蓋門前燈籠的紅葉，深深地滲入了旅人心中。

而這座長樂寺在遠離境內的地方，有一座名為**遊行庵**（地圖E）的宿坊，意外地鮮為人知。

隔著東大路通，位於「八坂神社」的西向，遊行庵是一座鋼筋五層樓的近代建築。約四坪大小的房間附有衛浴。兩人一間，附早粥，一人是八千二百日圓。一個人住的話也只要八千九百日圓，考量到地理位置，合理至極。

遊行庵

二樓休憩室附設有宿坊特色的設施，「光明」、「遍照」、「極樂」、「淨土」等四個小隔間，可供旅客讀經、抄經。像是網咖包廂般的小小空間，是專心抄經的最佳場所。

燒香、合掌後，打開桌上的錄音機，誦經錄音帶就會開始播放，接著便可以準備抄經了。可以在傍晚入住後先完成這些事，因為地處祇園的中心點，待太陽下山後，晚餐的選擇可說應有盡有。

睡了一晚，隔天早上七點，記得務必參加在長樂寺本堂舉辦的早課。把前一晚抄寫的經文帶去，還可以接受祝禱。早課結束後，在住持的引導下到寺廟參拜一圈。回到宿坊，充滿情意的早餐正等著您。

「長樂寺」的參拜費已包含在住宿費內，附有先停先贏的免費停車場，實在感恩。現在大多數飯店一晚要價一萬日圓以上、停車場也要另外收費的時代，這裡真是非常划算。對宿坊迷來說肯定不夠滿足，但對首次體驗宿坊的人而言，再適合不過了。

相傳由相阿彌打造的庭園

本願寺聞法會館

在「ANA CROWNE PLAZA 京都」住宿，搭上京都站出發的接駁巴士，一定會經過這座**本願寺聞法會館**（地圖I）。

「本願寺聞法會館」靠近西本願寺的北邊，是座雄偉的大樓。崛川通的這附近有很多紅綠燈，所以常有等紅燈的時間。我趁這時候看了一下這棟大樓出入口的樣子，雖然是宿坊，但有許多熟年夫婦、衣著整齊的老紳士拉著行李箱，開心地進進出出。看來應該沒問題吧，我想到平常很少去的西本願寺好好地參觀，便來住一晚試試看。

從JR京都站出發的交通方式，不能說方便。大約一・四公里，不是走不到，但也是不短的距離。搭市巴士只要幾分鐘，到「西本願寺」下車馬上就到。如果是搭計程車，距離就有點微妙了，在路上招車的話姑且不論，若是在車站前排班很久的計程車，最好避免。

房型有日式、西式，日西合併等各種類型，每種都附有衛浴。雖然我是平日一個人住，卻給了我非常寬敞的西式房間。並排的床鋪，窗邊還有沙發組，完全感覺不到這裡是宿坊。

馬上出發去「西本願寺」。一走出會館，就會看到西側

本願寺聞法會館

有橫越花屋町通的出入口，從這裡進去寺內，跟一般參拜客路線不同，稍微有住在宿坊的感覺。

進入寺內，果然非常壯觀。不只腹地廣闊，還有成排的國寶級建築物，讓人幾乎不知從何看起。還好我離開會館的時候，有去櫃檯（雖然是宿坊，還是有櫃檯）問清楚。在一小時左右參觀一圈，從哪裡走比較好呢？這種問題他們應該聽太多了，櫃檯人員一手拿著地圖，滔滔不絕地說明完畢。

太鼓樓

進入寺境後，首先往東走向「太鼓樓」，一座外觀看起來有點奇妙的樓閣。現在裡面保存的太鼓，在江戶時期是報時用的。據聞幕末時這裡還是新選組的駐屯地，留下了刀痕，但我沒有確認。

接下來要前往的是「大銀杏」。之前談到隱藏版紅葉時也有提過，傳說這株銀杏保護了該寺免於接連的火災，是棵樹齡高達四百年的大樹。枝葉好似向天伸展的樹根一般，所以又有「逆銀杏」之稱。

在「大銀杏」背後的是「御影堂」及「阿彌陀堂」。雄偉堂皇的建築皆被指定為重要文化遺產。兩者合起來南北超過一百公尺，用普通的數位相機是拍不進去的。

下個目的地是往南走到「滴翠園」中的「飛雲閣」（現在為限定公開）。來到這裡，我才第一次知道，其與金閣、銀閣同被稱為「京都三名閣」。西本願寺已經是超級有名的寺院了，裡面竟然還有與金閣、銀閣齊名的樓閣。

這就是京都。自以為已經懂很多了，其實還有很多不知道的事。

沿著南側的圍牆往西前進，終於看到了令人聯想到日光「陽明門」的「唐門」。檜木樹皮葺蓋

西本願寺的大銀杏

從御影堂連接的阿彌陀堂

的屋頂，配上塗黑的柱子及門。色彩斑斕的雕刻賞心悅目，竹子與老虎、唐獅子牡丹、麒麟及孔雀等，怎麼看都不會膩。所以別名「日暮門」。

唐門

許由的雕刻

這座門上，有一處鏤空雕刻請大家務必找找看，就是將中國傳說中的隱士——許由在潁川洗耳的故事所做成的鏤空雕刻。

傳說許由為人清高廉潔，當時堯帝計畫擁他為帝，許由不願，隱遁山林。堯帝心生一計，想用更高的地位說服他，但許由聞畢，只說了句「其言汙耳」，便到潁川洗耳朵，真是現在的政治家無可比擬的姿態。這個故事後來被狩野永德[7]畫成了「許由巢父圖」。

其他如「逃飛雀」（抜け雀の間）或「八方睥睨貓」（八方睨みの猫）等，還有很多想看的地方，留待下次有機會再來。因為想早點吃晚餐，我便折回了會館。

晚餐在會館內的餐廳吃也不錯，但去京都車站大樓買便當更好。「JR京都伊勢丹」百貨公司的地下街，設有老店便當的專區，賣知名店家的便當。我打算買便當，帶回房間慢慢享用。如果需要加熱的話，五樓備有微波爐。宿坊內投幣式洗衣機及微波爐一應俱全。

每天晚上七點開始進行「法座」，可以聆聽一個小時左右的說法。這是宿坊才有的活動，絕對要參加。可以坐在大廳場場米上的椅子聽講，所以不必擔心腳會麻掉，非常貼心。

這天晚上講的是「觀無量壽經的教誨」，相當可貴的主題，由身為本願寺派司教者主講，對於說法應是駕輕就熟，一個小時很快就過去了。

從某位太子幽禁自己的父親想要餓死他開始，到釋迦牟尼說觀法的經典解說。極樂世界、阿彌陀佛等，彷彿將平日汙濁的心洗淨一般，聽著這些寶貴的道理，深深覺得應該重新檢討日常生活。

不過，宿坊的門限只到晚上十一點，所以聽完說法後走出會館，我立刻到北邊的「京都東急飯店」的酒吧喝一杯，要遵從佛法重新自我檢討還得花些時間。

酒吧「**HORIKAWA**」（地圖Ⅰ㉙）是家很方便的店，不住在這裡時也會想來。坐上令人放鬆的吧檯椅，紅酒、地酒、燒酎、麥芽酒任君挑選。以飯店的酒吧來說價格合理。宿坊與飯店酒吧的組合，真是享受。

宿坊最令人期待的就是早上了。這裡也是早上六點開始，在「西本願寺」有早課。雖然是自由參加制，不過既然來了，當然要參加。

寺廟五點半開門，配合時間先到境內散散步。除了銀杏外，四處還有染成紅色的樹木，在早晨澄澈的空氣中，搶眼的紅葉更加賞心悅目。

早課結束後，肚子也餓了，我起身前往崛川通對面的「樂雅樂」。雖然會館也有供應早餐，不是素食，是一般的自助式早餐。但經過一番猶豫後，我還是走進了家庭餐廳。

結果出乎意外地好，因為是全國連鎖店，所以不必期待會有京都風格，推薦給同意不必什麼都走京都風的人。早餐菜色非常豐富，很難下決定。再三考慮後，我點了吐司及水煮蛋套餐，結果竟然可以選薄片或厚片，讓我大吃一驚，深感現在的家庭餐廳真是不容小覷。

只有住宿的話是六四八〇日圓，早上雖然不能晨浴，但有大浴場，房間也很寬敞，是最適合體驗宿坊的旅宿了。

紅葉之家

說到京都的紅葉勝地，大家一定都會先想到「紅葉三尾」。

也就是栂尾「高山寺」、槇尾「西明寺」、高雄「神護寺」（皆為地圖K）等三山三寺。

如果不離開京都市區、從嵐山更深入山林，是無法看到這些紅葉的。從ＪＲ嵯峨野線「花園」站轉乘計程車及巴士至少要花一小時，而且這還是平常時候，如果是紅葉季節，避不開國道一六二號線的壅塞，從市中心出發可就得花上兩個鐘頭了。會擁擠成這種程度，可見大家有多想看「三尾」的紅葉了。

「三尾」，為什麼會有「尾」呢？（高「雄」日文發音同「尾」）這得從守護京都西北方的愛宕山形狀聯想起。

與守護京都東北方的比叡山一樣，愛宕山也是信仰之山，被尊為火神崇拜，因此，京都大多數家庭或餐飲店的廚房，都貼有「愛宕神社」的防火符。

栂尾、槇尾、高雄，以愛宕山為首，看起來像是伸得長長的三條尾巴，所以又稱為「三尾」。這「三尾」的紅葉，當然是山中的紅葉。

古寺獨特的凜然氣息，讓紅葉的顏色看起來更鮮豔。與第四章的「近江四寺一社迴廊」感覺很類似，但相對於湖東三山的天台宗，「三尾」的三座寺廟都是真言宗，所以更具山岳院寺的風情。比起被抱在懷中，感覺更像是被考驗一樣，有時會顯露出險惡的表情。

不愧是在深山中，「三尾」紅葉斑斕的色彩讓人想要一看再看，無奈那擁擠的程度可不是開玩笑的。這個區域整體看來，範圍並不小，所以進入「三尾」時並不會感覺人擠人，問題在於到達此地的路線。幾乎沒有退路，由此或進或出都是一大難事。雖然想看「三尾」紅葉的心情很強烈，但考慮到來回的狀況，就裹足不前了。這時，我突然想到一個妙計，住下來不就好了嗎？住一晚的話，就不必在意回程的時間，可以盡情享受「三尾」的紅葉了。

栂尾高山寺因榮西禪師的緣故，由明惠上人傳承保存了日本最古老的茶園，並以「鳥獸人物戲畫」聞名。槇尾西明寺主祀傳說由運慶製作的釋迦如來像。弘法大師空海在高雄「神護寺」建立了真言密教的基礎。在這三座寺廟的步行範圍內有一家宿坊，就是位於高雄的「**紅葉之家**」（もみぢ家，地圖K）。

「紅葉之家」距離槇尾西明寺及高雄神護寺約三百公尺，離最遠的栂尾高山寺也只有八百公尺左右，住宿在此就不怕塞車了。回程不必趕時間，可盡情享受日暮時分的紅葉，隔天清晨還能看到朝霞籠罩下的紅葉美景。

在地下鐵東西線「太秦天神川」站，JR嵯峨野線「花園」站，有旅宿的接送巴士。預約時請先詢問時間。搭乘路線巴士或計程車也一樣會經過一六二號線，一般稱作「周山街道」，是通往若狹的路。

另一條路線是從嵐山Driveway過去，租車建議走這條。

看著嵐山、渡月橋邊界的紅葉，從嵯峨鳥居附近開上「嵐山—高雄Parkway」，全長十餘公里的山路有四處展望台。過路費一一八〇日圓，景觀極佳，絕對有價值。

Driveway的出口與一六二號線會合，從這裡到旅宿只有數百公尺，非常方便。穿過架在通往高雄神護寺參道上的紅橋會看到一條吊橋，是通往旅宿專用的通道，相當風雅的設計。

旅宿分成本館及別館，獨立在河岸邊靜靜佇立的別館，在紅葉旺季時，兩個人同住，一個人要兩萬日圓以上，不過，這是包含早晚兩餐的費用，以場所、季節來看還算合理。

別館幾乎所有的房間都附有露天浴池，雖然不是溫泉，但能在深山幽谷的美景中泡澡，實在享受。時間剛好的話，晚餐還會有丹波松茸、秋天的海鰻，豐盛的佳餚讓人不禁笑顏逐開。夜深之後，萬籟俱寂，很好入眠，我在一片寂靜中沉沉睡去。

隔天早上，西明寺的鐘聲劃破了清晨的寧靜。這也是住在山中才有的奢侈時光。早起外出賞楓也是「紅葉之家」的慣例。

奈良旅宿

奈良日航酒店

為什麼奈良的觀光不似京都這麼熱門呢？理由之一就是旅宿設施不夠充足，沒有好的旅宿、房間數量不夠等。

不過，真的是這樣嗎？還是必須體驗看看才知道。首先，從預約開始就挫折連連，幾乎訂不到房間。房間真的這麼少嗎？還是太過搶手了呢？想方設法地安排，最後終於入住的是據說現在奈良人氣最旺的「奈良日航酒店」（地圖N）。人氣的理由之一是因為交通方便，就位在JR「奈良」正前方。

從JR「京都」站搭乘奈良線的「京都路快速」（みやこ路快速）到奈良需要四十四分鐘，比起去大阪或滋賀感覺更遠，再加上一小時只行駛兩班，也是扣分項目之一。而且，要是搭普通列車，京都到奈良之間竟然得花一小時十五分。如果不解決交通不便的問題，京都與奈良是無法合而為一的。

我搭上中午十二點三十四分從ＪＲ「京都」站出發的列車，下午一點十八分抵達「奈良」站。從距離來看，感覺應該可以更快到才對，為什麼列車快不起來，一直以牛步行駛呢？搭琵琶湖線的話，四十五分鐘都可以開到彥根了吧。我一邊嘀咕著，一邊走進「奈良日航酒店」，沒想到，得到了暖心的應對。原本預約的是十六平方公尺的單人房，因為有空房，所以幫我升等成二十三平方公尺的雙人房。對這種服務毫無招架能力的我，把剛才的抱怨拋到腦後，超開心地進房了。

奈良日航酒店

電視是液晶電視，桌子也很寬敞，當然電腦也能很快地連接上網。商務出差時入住也沒問題，還附有市區飯店少見的大浴場，因為傍晚四點半才開放，所以我先休息一下，羽絨寢具的床鋪睡起來很舒服。位於六樓的大浴場，雖然不大，但保持地很乾淨（當然是因為我是第一個使用的），以免費使用的澡堂來說，完全合格。

流汗之後就要吃飯了，雖然飯店餐廳有日西中式外帶鐵板燒，但我都沒吃。與其說不吃，不如說沒有適合一個人吃的餐點。雖然對中式料理心動，但晚餐套餐要兩人以上，只好放棄。鐵板燒一個人吃也沒意思。附近似乎也沒什麼適合的餐飲店，幾經苦惱後，結果又回到京都，在車站大樓吃了串炸，馬上又回到奈良。

話說回來，飯店內外幾乎沒看到什麼商務人士，也就是說，單身客很少。姑且不論住宿，對於用餐，這家飯店似乎並未考量到單身客。如果想要一個人來住，感覺必須事先找好吃飯的地方才行。

託網路預約的福，定價兩萬兩千日圓的房間，只要七千日圓就能入住，所以沒什麼好不滿的。有大浴場，還有可以好好休息的床。作為京都與奈良古寺間的跳板，是極為合適的飯店。

Super Hotel Lohas JR奈良站

再來介紹一家位於「奈良」站附近，可以稱之為「宿泊特化型」的飯店，是全國都有的連鎖飯店。與「奈良日航酒店」相隔著JR「奈良」站，剛好在相反的那一邊。因此交通路線相同，從京都搭JR過去要花四十四分鐘。

以前雖然已有耳聞，但入住Super Hotel，這是頭一遭。飯店官網上寫說單人房是十二平方公尺，未免也太小了吧，直接跳過，我預約了十五平方公尺的超級房型。有點奇妙的是，上面竟然寫說最多可以入住三人。十五平方公尺要住三個人，有可能嗎？為了解決這個疑問，我準時三點就辦理入住，快步進房一探究竟。

原來如此！真佩服這樣的設計，幹得好，竟然可以想到這一招。

十五平方公尺的單人房，是我平時比較常住的房型大小。最近的趨勢是床比較寬。這間房的床就有一百六十公分寬，旺季的話應該可以睡兩個人。跟我現在常住的「草津波士頓廣場飯店」，豪華單人房的床大小一樣。不過，相對於草津的房間有二十平方公尺，這裡才十五平方公尺，房間幾乎都被床佔滿了。所以這裡的床藏有機關。

竟然，床的下面還藏有另一張床。抽屜式的設計，必要時可以從床下拉出來。的確，這樣就可以睡三個人了。這家飯店還有其他有趣的巧思，那就是「枕頭專區」。像精品店一樣，成排並列的枕頭，任君挑選。帶著枕頭進房感覺還真奇妙。

Super Hotel Lohas ＪＲ奈良站

然後，這家飯店也有大浴場，而且還是天然溫泉。在「奈良」車站前面泡溫泉，雖然是出乎意外的組合，但卻不馬虎，還有岩石浴池等，泡起來很舒適。從受理入住的三點開始，開放到隔天早上九點半，所以還可享受早晨的泡湯。

Super Hotel Lohas ＪＲ奈良站（地圖Ｎ），早上還有提供免費的現烤麵包，感覺挺實在的。用網路預約大概七千日圓左右。

僅僅住過兩間飯店，應該還不足以判斷，但還是深刻感覺奈良在「吃」的方面比較弱。在車站附近晃來晃去，也沒有一家想進去看看的店。事前調查的結果，好的店有是有，無奈都離車站太遠了。若是將奈良當作京都旅行的一環，只去奈良住宿，住處附近一定要有可以用餐的地方，這是我自己訂下的規則。

加速京都與奈良之間的交通、充實「奈良」車站附近的餐廳，這兩點若獲得解決，肯定更能吸引遊客留宿奈良，但現狀還是差大阪或滋賀一大截。

旅宿「都酒店」——奢侈地漫步在知名庭園

過去，「都酒店」在京都曾是一種身分地位的象徵。京都的名流結婚時，不是希望在這裡舉辦婚宴，就是在「京都飯店」舉辦。現在兩家的經營者都已經換了，飯店名稱也改了。

現在正式的名稱是「**京都威斯汀都酒店**」（地圖D）。而「京都飯店」也已改成「京都大倉飯店」，都是很長的名字。

雖說如此，但兩家都還保有某些以前的氣息與建築，維持原有面貌。

京都威斯汀都酒店：佳水園、葵殿庭園

秋天則以「京都威斯汀都酒店」為佳。為什麼秋天要選這家飯店呢？最重要的就是

地點。位於優異環境中的飯店，紅葉自不消說，要享受秋日風情，再沒有更適合的了。

從地下鐵東西線「蹴上」車站出來，走路馬上就可抵達，也可搭乘ＪＲ「京都」站出發的接駁車。不過，接駁車三十分鐘才一班，必須看準時間才行，如此規模的飯店，希望至少十五分鐘能有一班。搭乘地下鐵則可從ＪＲ「京都」站轉乘烏丸線與東西線，實際搭車時間合計十二分鐘，加上轉乘時間也花不到二十分鐘。

雖是價格絕對不算便宜的飯店，但從飯店官網預約仍可以合理的價格入住。例如：九月中旬的平日，高級雙人房的單人費用，是一九四四〇日圓。二十五平方公尺的價格，以飯店的品質來說，可以說是很值得。當然，如果尚有餘裕則推薦會員俱樂部樓層的豪華房。一人獨佔三十八平方公尺的房間，早餐自不用說，還可在專用的酒吧無限享用咖啡、紅茶、雞尾酒等。以三八八八〇日圓來說並不貴。

不過，這家飯店最讓我最推薦的是數寄屋（茶室）風的別館「佳水園」。充滿京都氣息的飯店內旅館。

全部共二十間房的「佳水園」，由村野藤吾[8]所設計。雖是數寄屋，卻散發著簡約摩登風的光彩。一個房間可接受一人以上的預約，費用是一九四四〇日圓。

住宿「佳水園」的目的之一，是為了欣賞庭園。

由於整座飯店是建在坡地上，故庭園「佳水園」是在建築物的七樓，連接房間與房間之間的白砂庭園，村野藤吾是以「醍醐三寶院」的庭院為範本所設計的。有別於工匠，出自設計師之手的造型果然非常漂亮。由此延伸到後山的庭園，則是出自八代目小川治兵衛[9]之手。極富衝擊力的岩石山，令人印象深刻。

因為被稱為「植治」的七代目小川治兵衛[10]太過突出，使得八代目「白楊」不那麼受到矚目，但其實他的作品也很多可看之處。

「京都威斯汀都酒店」的庭園不只有這裡。地處

佳水園

佳水園庭園

守山石

雲井瀑布

東館四樓，是這家飯店象徵性的存在，位於「葵殿」南邊斜坡上的「葵殿庭園」是植治設計的。由三段瀑布構成，壯觀的回遊式庭園，有許多訪客為此慕名而來，也感動了許多外國貴賓。

雖是「植治」的庭園，但不能不提到琵琶湖疏水道。以這座庭園為首，平安神宮或岡崎邊界的別墅群，幾乎都是引琵琶湖疏水道的水，將之發揮至最大限度所造出的庭園。

稱為雲井瀑布，做成三段的瀑布，當然都是來自琵琶湖疏水道的水，但這座「葵殿庭園」有用到象徵琵琶湖疏水道的某種石頭。

其實京都威斯汀都酒店的前身，是在琵琶湖疏水道開通之前開的「吉水園」。也就是說，「葵殿庭園」

不只用了琵琶湖疏水道的水，還利用了它的水路，將「守山石」[11]搬來，為庭園景觀增添色彩。

琵琶湖的西岸，守山產的石頭因帶有特殊的條紋花樣，而成為人氣極高的景觀石。要將石頭運送到蹴上，就要用到琵琶湖疏水道。「葵殿庭園」因被登錄為京都市的文化財，故保存有最大限度的原始風貌。

京都飯店還不只這些。飯店後山「華頂山」一帶的「野鳥森林、探鳥路」，是充滿野趣的自然森林，秋意漸深後，就會形成美麗的紅葉步道。住上一晚，就能享受如此等級的庭園，即使是原本就極富盛名的日式旅館也絕無僅有。得享秋色庭園的飯店，就是我推薦的原因。

通往「野鳥森林」的山路

柏井壽觀點：旅館二三事

最近這幾年，在京都各處開了幾家「Small Luxury Hotel」，例如寺町通、祇園。

如果是在六月入住祇園的那家，住宿費是六萬八千日圓，一個人或兩個人的費用都一樣，地點位於極盡奢侈的祇園石段下附近。有美體美容的客房服務、藝伎外送服務（？）等，簡直就是為名流而開的飯店，如夢似幻的祇園飯店。對功成名就的鄙人而言，應該再也沒有比這個更有魅力的了吧。知識份子、文化人，不管稱呼怎麼換，認為京都是一己之物的名人，不絕於世。自認為是特殊份子的那些人，自視甚高的模樣引人發笑，這種飯店絕對會成為他們同類相聚、沾沾自喜的絕佳場所。但真正愛京都的人肯定會敬而遠之。

寺町的那家，以前是什麼呢？連京都人也搞不清楚了，可見變化之大。該地點的選擇，不是豔麗的祇園，也不是町家連綿的西陣，出乎意料的地點並不差，不過可能是地理位置的緣故，比起祇園，價位比較低。使用「一休.com」有定價打六折的專案，這樣雙人房就只要兩萬八千日圓，還算合理。以四十平方公尺大小的優雅空間來說，或許是家別開生面的飯店，但我對於住在這裡是否還能有「京都」的感覺，感到些許不安。

祇園也好，寺町也好，不可否認地，現在的店址上原本就蓋有建築物了。

在京都這個地方，如果開了一家這樣的飯店，就稍微有同感了。

接下來是嵐山。在寫本書時，成為話題的精品旅館是將過去的老字號旅館改裝而成，跟剛才提到的名流飯店風格一致。

「搭船入住」這種特殊的作法，當時受到媒體的爭相報導，大肆讚揚。不過，既然這樣，為什麼過去老店這麼做時，卻沒有被採訪呢？用普通的方法時無人理會，一樣的事情，用華麗的手法表現時，大夥兒就同聲稱讚。今天京都這樣的走向令人擔憂。

我在前作中也有提過，最近的媒體對於新的事物過度注目，配合高明的宣傳，彷彿很有功勞般的宣傳，但其實很多都是長久以來由京都人建立起來的。雖然確實是舊了，但都沒有完整傳達舊旅館原本的美好，感覺很可惜。如果說要自我警惕，指的就是這種事吧。

旅館的氛圍跟以前一樣，絲毫未變，變的是內外裝。無論好壞，不同於以前具有的歷史感，是與箱根附近籠宿類似的日式時尚旅館。感覺年輕女性會喜歡的房間，六月的平日，一人一晚是四萬五千日圓起跳，並不便宜。

餐廳提供的晚餐有單點菜色，也與附近的三星料亭保有合作關係。早餐有日式西式兩種，雖然會送到房間，但要收兩成的服務費是怎麼回事？不過，會想在此住宿的名流應該不會在意吧！

歷經時代的浪潮存活下來的日式旅館，某個時期曾出手救援風靡一時的度假型飯店，重新翻修。讓看起來死絕了的旅宿重獲新生，使大家眼睛為之一亮。不過，這種浴火重生的例子只有少部分。大多數都是裝著生命維持器，勉勉強強地苟延殘喘而已。過猶不及。能在輕井澤重生蛻變，不一定在日本各地也能行得通。過去都是重新改裝既有的旅宿，但在進軍沖繩時，卻因興建全新的設施而造成當地的非議。為了蓋度假飯店，而將珍貴的大自然開膛破肚，是否值得，意見分歧。但不可否認的是，至少與沖繩制定的憲章有所抵觸。京都的旅宿也一樣，再過幾年，是非功過，自有定論。那個地方，需要那個旅館嗎？是為誰而蓋的旅館呢？這是興建旅館者首先應該思考的。

某溫泉勝地，長久以來穩定經營的溫泉旅館中，突然興建了一座巨大的會員制度假飯店。當然，該溫泉區整體的氣氛也為之一變，後來竟逼得原有的溫泉旅館歇業了，看著如此光景，感覺很難過。動用巨大的資本能力，興建不適合該地的旅館的愚昧，並非優秀的企業家該有的姿態。

能讓單身客愉快地入住，恰到好處的寬敞度，不多不少的設備與服務。希望京都可以多一點這種旅宿。這是造訪京都的旅人心願，也是住在京都的在地人衷心的期盼。

最近我在東京常住的飯店，是位於「水道橋」車站附近的「庭園飯店」。距離車站很近、小巧整潔、房間大小剛剛好、內裝時尚等，全都恰到好處，感覺非常好。雖然沒有特別豪華的設備、特別便宜的價格，但可以說是完全沒有缺點。日式及西式兩間餐廳很方便，自助式的早餐也很好吃。價格只比一般的商務旅館再多一點點而已。如果京都也有這種飯店，該有多高興啊！

1 特別為寺廟參拜者所預備的住宿設施。

2 發生於日本平安時代末期，源平合戰的最終戰役。

3 平德子，西元一一五五年—一二一四年，平清盛的次女，安德天皇的生母。後來被稱為建禮門院，一般也多稱其為建禮門院德子。

4 江戶時代後期歷史家、思想家，著有《日本外史》、《日本政記》。

5 發生於幕末時期。德川幕府大老井伊直弼逕自簽訂《日美修好通商條約》，並決定以德川家茂繼承幕府將軍。孝明天皇因此發出鏟除井伊直弼的密敕，井伊直弼為鏟除反對自己的人士，因此興起「安政大獄」事件，牽連者達上百人。

6 日本室町時代山水畫畫家之一，影響十六世紀日本畫壇。

7 狩野永德，西元一五四三年—一五九〇年，日本畫家，傳世之作有《唐獅子屏風》等。

8 村野藤吾，西元一八九一年—一九八四年。日本建築師，知名作品有日比谷大樓、大阪新歌舞伎座、東京新高輪王子飯店。

9 八代目小川治兵衛，西元一八八二年—一九二六年，通稱為「白楊」。

10 七代目小川治兵衛，西元一八六〇年—一九三三年，近代日本庭園的開創者。

11 採自滋賀縣湖西守山的山石。

結語　在秋天看見京都的全貌

造訪京都，最好避開觀光客人聲鼎沸的秋天。我過去總是如此大聲疾呼，但現在卻深切地反省。這次執筆之時，我再度深深感受到，京都有些鮮為人知的美麗之處，不到秋天，是無法看到完整風貌的。

旺季的京都，滿滿都是觀光客。如果Google地球裝有即時攝影機，肯定會看到京都街上黑壓壓的一片，連地面都看不到了。到這樣的京都，能看到什麼？感受到什麼？想在秋天到京都一遊的親朋好友，當然都被我拒絕了。

為了寫這本書走遍京都內外，我遲遲才發現，原來我錯了。正是秋天才該來京都。但若只是漫無目的旅行，就會跟以前一樣虛度京都時光。所以需要事先做點功課，就是我在第一章至第五章所寫的那些。

說到秋天的京都，大家應該都會想到紅葉，但其實不只紅葉，可別忘了自古以來京都人歌詠的秋草、萩花，以及賞月之旅。而紅葉除了一般的名勝景點，若不知祕境紅葉，更談不上看過京都紅葉了。

在京都旅行，若只看眼前的樣貌，只會感受不及京都一半的魅力。想想背後的故事、在歷史中的定位，以及相關的人物等，搭配眼前所見所聞，你會發現第一次看清楚了京都的全貌，讓旅行的樂趣倍增。

另外，就如春夏兩本提到的，秋天的近江也充滿了各種享樂，有時還會發現凌駕京都之上的魅力。造訪京都的話順道來近江一遊，已經逐漸成為旅行的基本模式了。餐廳及旅宿陸續開張，另一方面又保存著悠久的歷史，不變的樣貌現在仍保有鮮度，實為罕見。

止水即濁，流動的水則太利，欠缺醇厚，很難安排得當。

在出版業一片不景氣的嘀咕聲中，京都書的風潮非但沒有衰退，還持續地成長中。京都的四季之美，自從我開始記錄她的魅力以來，發現門檻變得愈來愈高，得再介紹更加深入、更加隱密的祕境，才能寫出別人寫不出來的京都。接下來要繼續挑戰冬天的京都。

貴船神社
鞍馬寺
由岐神社
鞍馬
三千院
大原
貴船口
二瀬
市原
二軒茶屋
京都精華大前站
木野
岩倉
八幡前
延曆寺
纜車
比叡站
輕軌
八瀨站
八瀨
比叡山口
輕軌
比叡站
比叡
山頂站
比叡山
三宅八幡宮
國際會館
寶池
寶池
妙圓寺
修學院離宮
北山
松崎
新宮神社
鷺森神社
半木神社
高野川
叡山本線
修學院
曼殊院
左京區
一乘寺下松
北大路
一乘寺
詩仙堂
八大神社
下鴨神社
天寧寺
茶山
上御靈神社
相國寺
元田中
出町柳
今出川
梨木神社
鴨川
八神社
銀閣寺(慈照寺)
京都御所
下御靈神社
京阪鴨東線
東山區
哲學之道
大文字山
如意岳
丸太町
神宮丸太町
平安神宮
京都市役所
永觀堂(禪林寺)
南禪寺
東山
蹴上
京都市役所前
金地院
三条
三条京阪
辰巳稻荷
日向大神宮
錦天滿宮
烏丸
河原町
知恩院
安養寺
祇園四条
八坂神社
山科區
湖西線
長樂寺
毘沙門堂
烏丸通
河原町通
建仁寺
高台寺
八坂塔
御陵
地下鐵東西線
諸羽神社
清水五条
安祥院
地主神社
山科
涉成園
清水寺
追分
方廣寺
京阪山科
山科
四宮
妙法院
七条
三十三間堂
智積院
東海道本線
京都
東福寺
東野
東福寺
萬壽寺
東海道新幹線
九条
東福寺
鳥羽街道
十条
椥辻
伏見稻荷
稻荷
伏見稻荷
深草
伏見區
名神高速道路
奈良線
奈良街道
地下鐵東西線
小野
藤森
藤森神社
京阪本線
醍醐
醍醐寺
外環狀線
京都線
JR藤森
石田

京都市內廣域地圖

栂尾
槇尾
高山寺
神護寺
西明寺
高雄
嵐山高雄一般車道
常照寺
源光庵
光悅寺
北區
金閣寺（鹿苑寺）
船岡山
上京區
右京區
龍安寺
等持院
仁和寺
大報恩寺（千本釋迦堂）
北野天滿宮
宇多野
御室仁和寺
龍安寺
等持院
北野白梅町
妙心寺
大覺寺
嵯峨嵐山
鳴瀧
嵐電北野線
妙心寺
達磨寺（法輪寺）
千本通
常盤
花園
圓町
小火車嵐山站
嵯峨嵐山
太秦
山陰本線
小火車嵯峨站
廣隆寺
天龍寺
嵐山
嵐電嵯峨
鹿王院
車折神社
有栖川
帷子辻
太秦廣隆寺
西大路御池
二条
嵐山
蠶社
太秦天神川
嵐電天神川
山內
西大路三条
嵐山
嵐電嵐山本線
西院
西院
梅宮大社
松尾大社
松尾
丹波口
西大路通
桂川
山陰道
西芳寺（苔寺）
阪急嵐山線
上桂
西京極
天神川
西京區
桂離宮
桂
JR京都線（東海道本線）
西大路
南區
阪急京都本線
桂川
洛西口
桂川
向日市
向日町
東日向
東海道新幹線
N

A
推薦景點
1 山端平八茶屋
2 雙鳩堂
3 現炸・蕎麥鶴
4 惠文社一乘寺店
5 三友居
赤山禪院
修學院離宮
妙圓寺
松崎大黑天
367
川端通
北山通
103
京都工藝纖維大學
高野川
山端
修學院
警察局
白川通北山
鷺森神社
高野
身心障礙者運動中心
一乘寺
圓光寺
一乘寺下松
詩仙堂
八大神社
金福寺
修學院中學
白川通北大路
一乘寺
北大路通
高野
北白川疏水通
白川通
茶山
京都造形藝術大學
東鞍馬口通
田中
北白川
左京區
北白川別當
日本浸禮宗醫院
御蔭通
京都大學
白川
30
北白川小學
農學部
理學部
白川通今出川
東今出川通
八神社
白川通
銀閣寺
吉田山公園
至地圖D

B
推薦景點
6 上賀茂・秋山
7 Grill生研會館
8 洋食Norakuro
9 野呂本店
10 大黑屋鎌餅本舗
11 出町雙葉
深泥池
103
40
松崎
新宮神社
警察局
北山
北山通
松崎
下鴨本通北山
京都工藝纖維大學
府立植物園
北泉通
下鴨
疏水分流
京都府立大學
洛北高中・中學
至地圖C
北大路橋
367
北大路通
警察局
下鴨本通北大路
高野橋
警察局
下鴨本通
高野
加茂街道
181
高野川
下鴨神社
東大路通
鞍馬口町
天寧寺
賀茂川
糺之森
東大路通鞍馬口
出雲路
河合神社
京都產業大學
附屬高中・中學
光明寺
御蔭橋
叡山電鐵叡山本線
元田中
阿彌陀寺
葵橋東詰
相國寺
葵橋西詰
葵橋
葵公園
河合橋
出町柳
知恩寺
出町橋
出町柳
同志社女子大學
寺町通
賀茂大橋
常林寺
百萬遍
河原町通
河原町今出川
今出川通
至地圖E
京都大學
工學院

C
神光院
上賀茂神社
大田神社
明神川
38
御薗橋西詰
警察局
大田神社前
船岡東通
紫竹
加茂川中學
上賀茂大橋
38
北山大橋西詰
北山通
北山大橋
堀川北山
警察局
半木神社
小山
新町通
衣棚通
室町通
加茂街道
紫野
一心寺
今宮通
今宮神社
芳春庵
賀茂川
龍翔寺
小柳南通
北大路
北大路橋
高桐院
大德寺
大宮通
紫野通
紫野南通
紫野高中
堀川通
烏丸北大路
紫明小學
龍光院
大谷大學‧短大學
北大路通
181
烏丸紫明
至地圖B
紫野小學
堀川北大路
京都教育大學
京都中學‧小學
烏丸通
船岡山公園
紫明通
堀川紫明
鞍馬口通
小川通
妙覺寺
鞍馬口
上御靈神社
大泉寺
水火天滿宮
上御靈前通
千本寺之内
警察局
廬山寺通
本法寺
妙蓮寺
寺之内通
裏千家今日庵
地下鐵烏丸線
烏丸中學
裏千家茶道綜合資料館
淨福寺通
智惠光院通
石像寺
堀川寺之内
相國寺
千本通
上立賣通
五辻通
Kyoto City Hotel
同志社大學
今出川
嘉樂中學
警察局
今出川通
上京區役所
中筋通
千本今出川
元誓願寺通
西陣織會館
堀川今出川
烏丸今出川
笹屋町通
晴明神社
38
至地圖F

D
推薦景點
12 喜味家
至地圖A
至地圖E
吉田山公園
銀閣寺
白川通
哲學之道
吉田神社
淨土寺
法然院
吉田
真如堂
金戒光明寺
鹿谷
鹿谷通
大豊神社
丸太町通
平安之森飯店
平安神宮
岡崎
永觀堂
岡崎公園
京都市動物園
京都市美術館
南禪寺
南禪寺
洛翠庭園
南禪寺前
三条通
東山
京都威斯汀都酒店
蹴上
粟田口
知恩院
地下鐵東西線
知恩院和順會館
圓山公園
其中庵
長樂寺
日岡
高台寺
靈山護國神社
143

E
至地圖B
推薦景點
13 La Voiture
14 一保堂茶舖
15 廣東料理鳳泉
16 Bar Shion
17 Izuu
18 Kane正
19 Izuju
20 阪川
21 繩手紅酒食堂
22 林萬昌堂四条本店
23 林商店
京都御所
梨木神社
寺町通
32
河原町通
鴨川公園
府立醫大學
精華女子高中·中學
大宮御所
鴨沂高中
荒神橋
警察局
京阪鴨東線
京大醫院
聖護院御殿荘
神宮丸太町
聖護院
河原町丸太町
丸太町通
東大路通
東山丸太町
竹屋町通
新烏丸通
新椹木町通
富小路通
麩屋町通
御幸町通
高倉通
堺町通
柳馬場通
鴨川
181
東山二条
至地圖D
日本銀行
京都市役所
京都大倉飯店
御池中學
河原町御池
地下鐵東西線
御池通
京都市役所前
京都文教高中·中學·小學
Masuya飯店
本能寺
京都皇家飯店
三条大橋
東山三条
東山
姉小路通
三条京阪
三条通
河原町三条
三条
京劇會館
花見小路通
六角通
裏寺町通
新京極通
高瀬川
木屋町通
先斗町通
繩手通
辰巳稻荷
巽橋
蛸薬師通
錦市場
錦天滿宮
知恩院和順會館
錦小路通
阪急京都線
四条大橋
祇園
八坂神社
河原町
四条通
四条河原町
祇園四条
遊行庵
長樂館
綾小路通
足袋屋町
團栗橋
祇園甲部歌舞練場
佛光寺通
塗師屋町
御幸町通
宮川町通
建仁寺
圓德院
大和大路通
川端通
安井金比羅宮
金比羅繪馬館
高辻通
夕顔石碑
松原通
松原橋
八坂通
八坂塔
宮川筋
東山警察局
至地圖H
六道珍皇寺

F
至地圖C
推薦景點
24 京都栗屋
25 Higohisa
卍智惠光院
上京區
橫神明通
一条通
中立賣通
上長者町通
下長者町通
裏門通
大宮通
黑門通
豬熊通
葭屋町通
堀川通
38
上京中學
警察局
京都御所
烏丸通
京都布萊頓飯店
上長者町通
京都花園皇宮飯店
中立賣署
護王神社
京都崛川Rubino飯店
京都府廳
府警本部
堀川下立賣
堀川下立賣通
京都御苑
第二紅十字醫院
椹木町通
堀川丸太町
丸太町通
烏丸丸太町
24
日暮通
竹屋町通
丸太町
二条城
夷川通
東堀川通
油小路通
小川通
西洞院通
釜座通
新町通
衣棚通
室町通
兩替町通
烏丸通
車屋町通
東洞院通
間之町通
高倉通
堺町通
柳馬場通
京都國際飯店
二条通
ANA CROWNE PLAZA 京都
押小路通
二条城前
367
烏丸御池
御池中學
神泉苑
押小路通
地下鐵東西線
堀川御池
花園飯店
御池通
HOTEL GIMMOND KYOTO
烏丸御池
姉小路通
烏丸三条
西洞院通
地下鐵烏丸線
三条通
三井花園飯店
大宮通
京都蒙特利酒店
六角通
38
京都遞信醫院
蛸藥師通
高倉通
堺町通
後院通
HOTEL VIA INN京都四条室町
錦小路通
錦市場
崛川高中
京都藝術中心
東橫INN
四条大宮
MYSTAYS HOTEL京都四条
四条通
烏丸
大丸
阪急京都線
大宮
四条大宮
四条堀川
Court Hotels
四条烏丸
四条通
綾小路通
神明神社
壬生通
大宮通
黑門通
豬熊通
岩上通
醒井通
油小路通
四条
烏丸飯店
佛光寺通
塗師屋町
烏丸通
京都日航公主飯店
25
堀川通
高辻通
夕顏石碑
烏丸高辻
松原中學
東中筋通
西洞院通
若宮通
新町通
室町通
諏訪町通
東洞院通
高倉通
堀川警察局

G
推薦景點
26 廚房爸爸
佛教大學
紫野高中
高桐院
大德寺
龍光院
北大路通
181
千本北大路
紙屋川
金閣寺
金閣寺前
府立盲人學校
高中部
紫野
船岡山公園
紫野小學
31
木辻通
鞍馬口通
木辻馬代
千本鞍馬口
廬山寺通
警察局
千本通
千本寺之内
平野
釘拔地藏
(石像寺)
淨福寺通
平野神社
26
上立賣通
大報恩寺
(千本釋迦堂)
北野天滿宮
警察局
五辻通
嘉樂中學
西大路通
今出川通
北野
洛星高中·中學
千本今出川
上七軒
中筋通
元誓願寺通
嵐電北野線
今小路通
101
上京警察署
笹屋町通
北野白梅町
智惠光院
一条通
一条通
千本通
上京區
西大路一条
警察局
大將軍
千本中立賣
中立賣通
仁和寺街道
七本松通
六軒町通
上長者町通
西大路通
天神通
御前通
下森通
下長者町通
妙心寺道
達磨寺
(法輪寺)
下立賣通
圓町
丸太町通
圓町
千本丸太町
嵯峨野線(山陰本線)
聚樂迴
西大路通
太子道
六軒町通
二条中學
西大路太子道
111

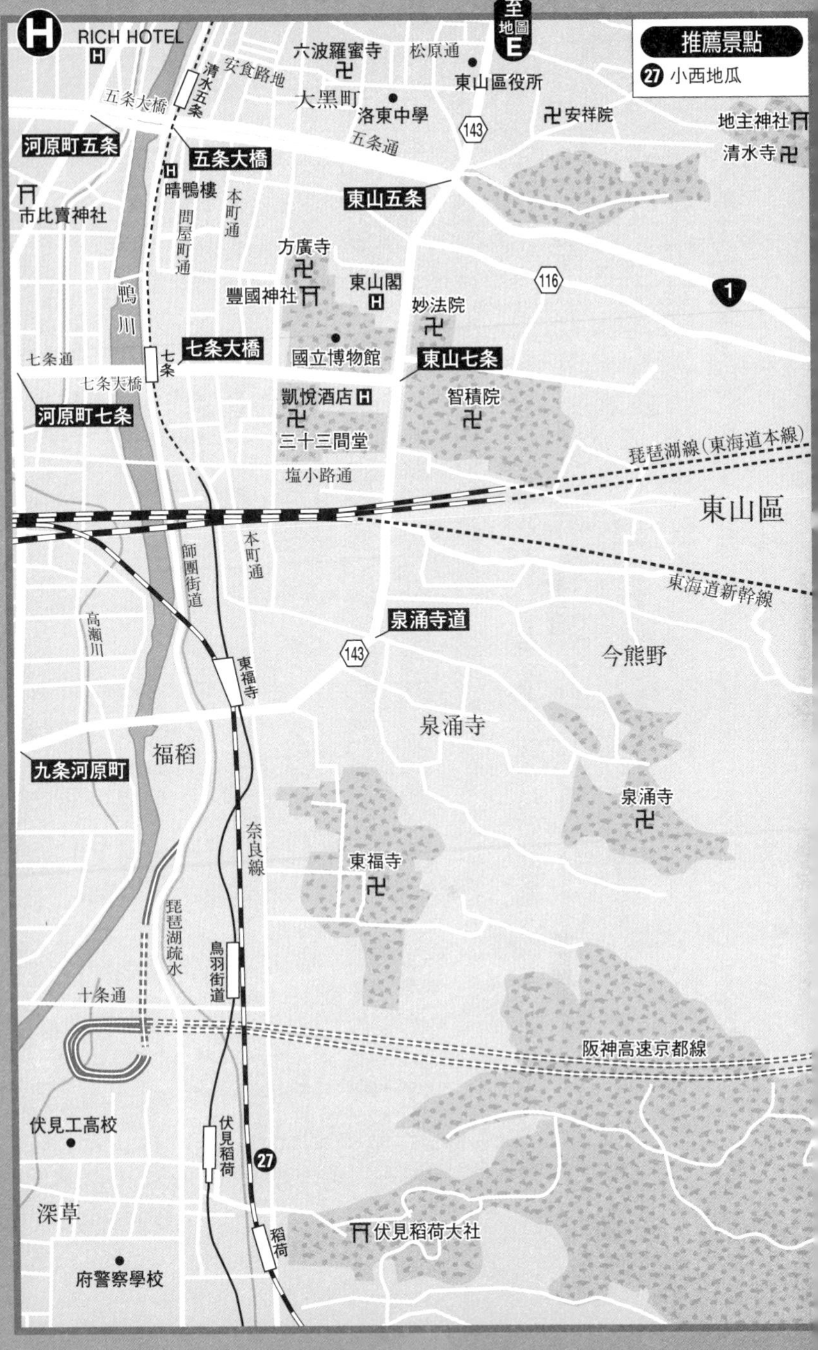

RICH HOTEL
至地圖E
推薦景點
27 小西地瓜
六波羅蜜寺
松原通
東山區役所
安食路地
清水五条
五条大橋
大黑町
洛東中學
安祥院
地主神社
清水寺
河原町五条
五条大橋
五条通
143
晴鴨樓
東山五条
市比賣神社
本町通
問屋町通
方廣寺
東山閣
116
豐國神社
妙法院
鴨川
國立博物館
七条大橋
七条
七条通
東山七条
七条大橋
凱悅酒店
智積院
河原町七条
三十三間堂
琵琶湖線(東海道本線)
塩小路通
東山區
師團街道
本町通
東海道新幹線
高瀨川
泉涌寺道
143
東福寺
今熊野
泉涌寺
福稻
九条河原町
泉涌寺
奈良線
東福寺
琵琶湖疏水
鳥羽街道
十条通
阪神高速京都線
伏見工高校
伏見稻荷
27
深草
稻荷
伏見稻荷大社
府警察學校

I
推薦景點
28 板前洋食・彌生
29 HORIKAWA（東急京都大飯店內）
30 Figueras Suvaco JR 京都伊勢丹
31 丸石
萬壽寺通
瑞雲院
堀川通
堀川五条
烏丸五条
五条通
丹波口
揚梅通
五条
不明門通
東洞院通
高倉通
東急
綠風荘
六条通
烏丸通
本願寺聞法會館
花屋町通
舊花屋町通
洛兆
西本願寺
東本願寺
涉成園（枳殼邸）
正面通
北小路通
龍谷大學附設平安高中・中學
龍谷大學
七条堀川
七条通
大宮七条
警察局
銀閣
新阪急飯店
大宮通
下京區役所
京都塔
鳩屋瑞鳳閣飯店
京都
中央飯店
梅小路公園
麗嘉皇家飯店
京 都
新都飯店
京阪飯店
油小路通
地下鐵烏丸線
洛南會館
八条
東九条
東寺

J
推薦景點
32 杉杉堂
鞍馬山
貴船神社
廣屋
藤屋
鞍馬
木之根道
鞍馬街道
鞍馬寺
38
鞍馬温泉
由岐神社
多寶塔
鞍馬山鋼索鐵道
鞍馬川
左京區
山門
貴船川
鞍馬
叡山電鐵鞍馬線

K
栂尾
高雄山
高山寺
栂尾巴士站
槇尾
西明寺
高雄
槇尾巴士站
高雄巴士站
H
神護寺
紅葉之家
清瀧大權現
清瀧川
右京區
嵐山—高雄Parkway
周山街道

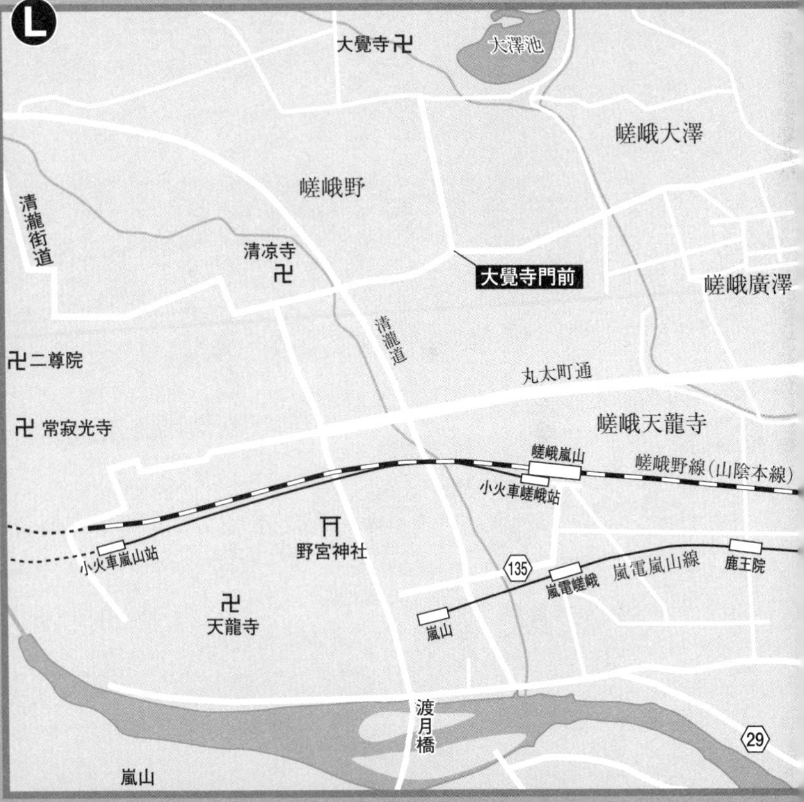
L
大覺寺
大澤池
嵯峨大澤
嵯峨野
清瀧街道
清凉寺
大覺寺門前
嵯峨廣澤
清瀧道
二尊院
丸太町通
常寂光寺
嵯峨天龍寺
嵯峨嵐山
嵯峨野線(山陰本線)
小火車嵯峨站
野宮神社
小火車嵐山站
135
嵐電嵯峨
嵐電嵐山線
鹿王院
天龍寺
嵐山
渡月橋
29
嵐山

M
推薦景點
33 中村軒
9
山陰道
西京極
阪急京都線
葛野七条
極樂寺
阪急嵐山線
阪急京都線
葛野大路八条
八条通
桂
安樂寺
桂離宮
桂大橋
桂大橋
桂小橋
33
桂川
142
警察局
桂

N
新大宮
近鐵奈良線
奈良中央局
西方寺
大和路線
大宮町
754
市立大宮幼稚園
油阪町
奈良
三条本町
JR奈良站前
奈良日航酒店
麥當勞
三条町
奈良女子高中
JR奈良站
Super Hotel Lohas JR奈良站
奈良100年會館
奈良高等専修學校
奈良三条局
德願寺
三条大宮町
杉町
大和路線
櫻井線

推薦景點
34 翼果樓
35 鳥喜多本店
36 木村香魚 彦根京橋店
南呉服町
北陸本線
黒壁美術館
元濱町
長濱
豐公園
朝日町
虎姫
安樂寺
神照寺
上坂
長濱IC
相撲
總持寺
大通寺庭園
長濱太閤温泉
長濱市
北陸自動車道
琵琶湖
多田幸寺
田村
福田寺
8
坂田
東海道新幹線
天野川
米原市
米原
青岸寺
入江
彦根市
近江鐵道本線
長壽院
龍潭寺
彦根城跡
彦根
彦根宿
名神高速道路
彦根IC
彦根芹川
明照寺
彦根口
南彦根
東海道本線
高宮
彦根城
彦根市役所
大津地方裁判所
彦根城飯店
本町
6
25
中央町
206
東海道本線
近江鐵道本線

P
推薦景點
37 蕎麥麵吉
明照寺
彥根口
南彥根
高宮
Screen
車站
河瀨
東海道本線
近江鐵道本線
多賀大社前
芹川
37
多賀SA
多賀大社
多賀町
尼子
甲良神社
胡宮神社
甲良町
豐鄉
東海道新幹線
犬上郡
8
犬上川
西明寺
秦莊
愛知川
八尾山
豐滿神社
愛知郡
金剛輪寺
大行社
名神高速道路
307
湖東三山
湖東
近江溫泉
押立神社
百濟寺
東近江市
愛東
興福寺
愛知川
八日市IC
421
御園
八風街道
高野
永源寺
日登美美術館
近江綠色道路
大森
市原野
石塔寺
永源寺

Q
推薦景點
38 滋味・康月
39 金燕之家
40 坐空
琵琶湖大橋
堅田
湖西道路
浮御堂
野洲川
草津波士頓廣場飯店
草津線
東海道本線
草津
草津警察署
草津宿本陣
1
守山市
觀音寺
守山
大寶神社
栗東
草津市
8
琵琶湖
草津線
栗東IC
歷史民俗博物館自然觀察之森
東海道新幹線
矢橋帰帆島
石津寺
渚公園
石場
京阪膳所
錦
膳所
膳所本町
中庄
瓦濱
粟津
石山
京阪石山
南草津
瀨田
近江大橋
瀨田之唐橋
草津Jct
草津田上IC
琵琶湖紅酒酒莊
瀨田東 IC
石山寺
瀨田西 IC
新名神高速道路
石山IC
大戶川
南鄉温泉

交通方式／JR「奈良」站西口直達
http://www.nikkonara.jp/　【p.232】

Super Hotel Lohas JR奈良站【スーパーホテルLohasJR奈良駅】
〒 630-8122 奈良県奈良市三条本町 1-2
TEL ／ 0742-27-9000　FAX ／ 0742-27-9008
交通方式／JR「奈良」站車站步行 1 分鐘即可抵達
【p.236】

【地圖Q】　草津波士頓廣場飯店【ホテルボストンプラザ草津びわ湖】
〒 525-0037 滋賀県草津市西大路町 1-27 草津車站西口 BOSTON 區内
TEL ／ 077-561-3311　FAX ／ 077-561-3322
交通方式／JR「草津」站旁
http://www.hotel-bp.co.jp/　【p.167】

【地圖Q】 ㊳滋味·康月

〒 525-0032 滋賀県草津市大路 1-11-14 FRONT 草津大樓 B1
TEL ／ 077-562-2238
營業時間／ 12：00 ～ 14：30（最後點餐時間 14：00、最後入店時間 13：00）、18：00 ～ 23：00（最後點餐時間 22：30）
※ 午餐僅週一、週四、週五、週六供應
公休日／週二、每月最後一天
交通方式／從 JR「草津」站步行 3 分鐘【p.190】

㊴金燕之家【金燕の家】

〒 525-0032 滋賀県草津市大路 1-15-37
TEL ／ 077-567-4006　營業時間／ 11：00 ～ 23：30（最後點餐時間）　公休日／週日
交通方式／從 JR「草津」站步行 5 分鐘【p.202】

㊵坐空

〒 525-0032 滋賀県草津市大路 1-4-12 大丸 Soi 大樓 1F
TEL & FAX ／ 077-562-2233　營業時間／ 17：30 ～ 24：00　公休日／無休
交通方式／從 JR「草津」站步行 5 分鐘【p.199】

■飯店・旅館

【地圖D】 京都威斯汀都酒店【ウェスティン都ホテル京都】

〒 605-0052 京都府京都市東山区粟田口華頂町 1
TEL ／ 075-771-7111　FAX ／ 075-751-2490
交通方式／從地下鐵東西線「蹴上」站步行 2 分鐘，或在 JR「京都」站八条口有住宿者專用接送巴士【p.238】

【地圖E】 遊行庵

〒 605-0074 京都府京都市東山区東大路通四条下ル西側
TEL ／ 075-532-2770　FAX ／ 075-532-2771
交通方式／從京阪本線「祇園四条」站步行 12 分鐘，或搭市巴士至「祇園」站步行 1 分鐘【p.218】

【地圖I】 本願寺聞法會館【本願寺聞法会館】

〒 600-8357 京都府京都市下京区堀川通花屋町上ル
TEL ／ 075-342-1122　FAX ／ 075-342-1125
交通方式／從地下鐵烏丸線「五条」站步行 12 分鐘，或搭市巴士至「西本願寺前」站步行 5 分鐘
http://monbou.jp/　【p.220】

【地圖K】 紅葉之家【もみぢ家】

〒 616-8289 京都府京都市右京区梅ヶ畑高雄
TEL ／ 075-871-1005　FAX ／ 075-881-3111
交通方式／在地下鐵東西線「太秦天神川」站及 JR「花園」站有接送巴士，亦可搭到市巴士「高雄」或 JR 巴士「山城高雄」站
http://www.momijiya.jp/　【p.229】

【地圖N】 奈良日航酒店【ホテル日航奈良】

〒 630-8122 奈良県奈良市三条本町 8-1
TEL ／ 0742-35-8831　FAX ／ 0742-35-6868

營業時間／11：00～17：00、17：00～24：00（最後點餐時間 23：45）
交通方式／從地下鐵烏丸線「五条」站步行 8 分鐘，或搭市巴士至「崛川五条」站步行 1 分鐘【p.226】

㉚Figueras Suvaco JR京都伊勢丹【フィゲラススバコジェイアール京都伊勢丹】
〒 600-8555 京都府京都市下京区烏丸通塩小路下ル東塩小路町 Suvaco JR 京都伊勢丹 3F
TEL ／ 075-342-2355
營業時間／11：00～23：00（最後點餐時間 22：00） 公休日／不定休
交通方式／ JR「京都」站直通【p.146】

㉛丸石
〒 600-8835 京都府京都市下京区七条壬生川西入ル観喜寺町 10-13
TEL ／ 075-371-0852 營業時間／10：00～24：00 公休日／週日
交通方式／從 JR「丹波口」站步行 12 分鐘，或搭市巴士至「梅小路公園前」下車【p.151】

【地圖 J】
㉜杉杉堂【杉々堂】
〒 601-1111 京都府京都市左京区鞍馬本町 242
TEL ／ 075-741-2155 營業時間／9：00～17：00 公休日／不定休
交通方式／在叡山鞍馬線「鞍馬」站下車【p.54】

【地圖 M】
㉝中村軒
〒 615-8021 京都府京都市西京区桂浅原町 61
TEL ／ 075-381-2650
營業時間／7：30～18：00 茶店為 9：30～18：00（最後點餐時間 17：45）
公休日／週三（若遇假日則營業）
交通方式／從阪急京都線「桂」站步行 15 分鐘
http://www.nakamuraken.co.jp/ 【p.26】

【地圖 O】
㉞翼果樓
〒 526-0059 滋賀県長浜市元浜町 7-8
TEL ／ 0749-63-3663 FAX ／ 0749-63-4020 營業時間／11：00～賣完為止
公休日／週一
交通方式／從 JR「長濱」站步行 3 分鐘【p.205】

㉟鳥喜多本店
〒 526-0059 滋賀県長浜市元浜町 8-26 TEL & FAX ／ 0749-62-1964
營業時間／11：30～14：00、16：30～19：00 公休日／週二
交通方式／從 JR「長濱」站步行 3 分鐘【p.205】

㊱木村香魚 彥根京橋店【あゆの店きむら 彦根京橋店】
〒 522-0064 滋賀県彦根市本町 2-3-3
TEL ／ 0749-24-1157
營業時間／10：00～18：00（冬季至 17：30 止）、供餐時間為 11：30～14：30
公休日／週二
交通方式／從 JR「彥根」站步行 20 分鐘，或搭近江巴士至「本町城街（キャッスルロード）」站【p.209】

【地圖 P】
㊲蕎麥麵吉【そば吉】
〒 522-0341 滋賀県犬上郡多賀町多賀 1615-1
TEL ／ 0749-48-1477 營業時間／11：30～19：00 公休日／週五
交通方式／從近江鐵道「多賀大社前」站步行 15 分鐘
https://www.sobakiti.com/ 【p.187】

㉑繩手紅酒食堂【縄手ワイン食堂】

〒 605-0803 京都府京都市東山区大和大路通四条下ル亀井町 40
TEL ／ 075-561-2217　營業時間／ 18：00 ～ 24：00（最後點餐時間）
公休日／週一（若遇假日則營業，隔日週二休）
交通方式／從京阪本線「祇園四条」站步行 4 分鐘【p.120】

㉒林萬昌堂四条本店【林万昌堂四条本店】

〒 600-8003 京都府京都市下京区四条通寺町東入ル御旅宮本町 3
TEL ／ 075-221-0258　營業時間／ 10：00 ～ 20：00　公休日／ 1 月 1 日
交通方式／從阪急京都線「河原町」站步行 5 分鐘
http://www.hayashi-mansyodo.jp/　【p.153】

㉓林商店

〒 600-8047 京都府京都市下京区松原通寺町西入ル石不動之町 700
TEL& FAX ／ 075-361-1933　營業時間／ 9：00 ～ 18：00
交通方式／從京阪本線「清水五条」站步行 5 分鐘，或搭市巴士至「河原町松原」【p.151】

【地圖F】

㉔京都栗屋【京都くりや】

〒 604-0071 京都府京都市中京区丸太町通油小路西入ル大文字町 42-4
TEL ／ 075-231-4564　營業時間／ 8：00 ～ 20：00（週日假日為 10：00 ～ 15：00）
公休日／ 1 月 1 日
交通方式／從地下鐵烏丸線「丸太町」站步行 5 分鐘【p.152】

㉕Higohisa【ひご久】

〒 600-8074 京都府京都市下京区仏光寺柳馬場西入ル東前町 402
TEL ／ 075-353-6306　營業時間／ 18：00 ～ 21：30　公休日／不定休
交通方式／從地下鐵烏丸線「四条」站步行 5 分鐘【p.118】

【地圖G】

㉖廚房爸爸【キッチンパパ】

〒 602-8486 京都府京都市上京区上立売通千本東入ル姥ヶ西町 591
TEL ／ 075-441-4119
營業時間／ 11：00 ～ 15：00（最後點餐 14：30）、17：30 ～ 22：00（最後點餐 21：30）
公休日／週四
交通方式／搭市巴士至「千本上立売」站步行 2 分鐘
http://kitchenpapa.net/　【p.128】

【地圖H】

㉗小西地瓜【こにしいも】

〒 612-0808 京都府京都市伏見区深草稲荷榎木橋町 30
TEL ／ 075-641-5629　營業時間／ 10：00 ～ 18：00　公休日／不定休
交通方式／從京阪本線「伏見稲荷」站步行 3 分鐘，或從 JR 奈良線「稲荷」站步行 5 分鐘【p.151】

【地圖I】

㉘板前洋食·彌生

〒 600-8403 京都府京都市下京区不明門通松原下ル吉水町 461
TEL ／ 075-341-8188　營業時間／ 11：00 ～ 14：00 左右
公休日／週日、第二、第三個週六
交通方式／從地下鐵烏丸線「五条」站步行 3 分鐘【p.130】

㉙HORIKAWA（東急京都大飯店內）

〒 600-8519 京都府京都市下京区堀川通五条下ル柿本町 580 東急京都大飯店 B1
TEL ／ 075-341-2411（代表號）

⑭一保堂茶舗（京都本店）

〒 604-0915 京都府京都市中京区寺町通二条上ル常盤木町 52
TEL ／ 075-211-3421　FAX ／ 075-241-0153
營業時間／ 9：00 ～ 18：00　公休日／元旦假期
※ 喫茶室嘉木／ 10：00 ～ 18：00（最後點餐 17：30）、新年假期店休
交通方式／從地下鐵東西線「京都市役所前」站步行 5 分鐘、搭市巴士至「京都市役所前」，或「河原町丸太町」站步行 5 分鐘
http://www.ippodo-tea.co.jp/　【p.61】

⑮廣東料理鳳泉【広東料理鳳泉】

〒 604-0911 京都府京都市中京区河原町二条上ル清水町 359AB 大樓 1F
TEL ／ 075-241-6288　營業時間／ 11：30 ～ 20：00（最後點餐 19：30）
公休日／週一（若遇假日則營業，隔日週二休）
交通方式／從地下鐵東西線「京都市役所前」站步行 2 分鐘，或搭市巴士至「京都市役所前」【p.137】

⑯Bar Shion【バーシオン】

〒 604-0931 京都府京都市中京区榎木町 99-3 岡大樓 3F
TEL ／ 075-222-0025
營業時間／ 11：00 ～ 14：00 （僅週四、週五、週六）、20：00 ～隔日 4：00
公休日／無
交通方式／從地下鐵東西線「京都市役所前」站步行 3 分鐘【p.139】

⑰Izuu【いづう本店】

〒 605-0084 京都府京都市東山区八坂新地清本町 367
TEL ／ 075-561-0751　FAX ／ 075-561-0750
營業時間／ 11：00 ～ 23：00 （週日、國定假日至 20：00）
※ 外帶須預約，即可自 8：00 開始販售
公休日／週二（若遇假日則營業，僅販售外帶鯖姿壽司，營業至 15：00）
交通方式／從京阪本線「祇園四条」站步行 5 分鐘
http://izuu.jp/　【p.125】

⑱Kane正【かね正】

〒 605-0079 京都府京都市東山区大和大路通四条上ル常盤町 155-2
TEL ／ 075-532-5830　營業時間／ 11：30 ～ 14：00、17：30 ～ 22：00
公休日／週日、週四
交通方式／從京阪本線「祇園四条」站步行 3 分鐘，或從阪急京都本線「河原町」站步行 7 分鐘【p.142】

⑲Izuju【いづ重】

〒 605-0073 京都府京都市東山区祇園町北側 292-1
TEL ／ 075-561-0019　營業時間／ 10：00 ～ 19：00（最後點餐 18：30）※ 可能提早打烊
公休日／週三（若遇假日則營業，隔日週四休）
交通方式／從京阪本線「祇園四条」站步行 10 分鐘
http://izujugion.wix.com/izuju　【p.125】

⑳阪川

〒 605-0074 京都府京都市東山区祇園町南側 570-199
TEL ／ 075-532-2801 ※ 須預約
營業時間／ 17：00 ～ 21：00　公休日／週日
交通方式／從京阪本線「祇園四条」站步行 10 分鐘【p.123】

【地圖B】 ⑥上賀茂·秋山

〒 603-8081 京都府京都市北区上賀茂岡本町 58
TEL ／ 075-711-5136 ※ 完全預約制
營業時間／ 12：00 ～ 14：30、18：00 ～ 22：00　公休日／週三、月底的週四
交通方式／從地下鐵烏丸線「北山」站步行 15 分鐘【p.115】

⑦Grill 生研會館【グリル生研会館】

〒 606-0805 京都府京都市左京区下鴨森本町 15 生産開発科学研究所大樓 1F
TEL ／ 075-721-2933
營業時間／ 12：00 ～ 14：00（最後點餐 13：30）、17：00 ～ 20：00（最後點餐 19：30）
公休日／週四（週三僅供應午餐）
交通方式／從京阪鴨東線「出町柳」站步行 15 分鐘，或搭市巴士至「糺之森」站
http://www.grillseikenkaikan.com/　【p.103】

⑧洋食 Norakuro【洋食のらくろ】

〒 606-0802 京都府京都市左京区下鴨宮崎町 69
TEL ／ 075-781-2040　營業時間／ 11：30 ～ 14：00、17：30 ～ 20：00
公休日／週二、週三
交通方式／從京阪鴨東線「山町柳」站步行 15 分鐘，或搭市巴士至「糺之森」站步行 2 分鐘即可抵達【p.105】

⑨野呂本店

〒 602-0831 京都府京都市上京区寺町通今出川上ル立本寺前町 77
TEL ／ 0120-33-0749　FAX ／ 0120-33-6272
營業時間／ 9：00 ～ 18：00　公休日／ 1 月 1 日～ 1 月 4 日
交通方式／從京阪鴨東線「出町柳」站步行 10 分鐘，或搭市巴士至「葵橋西詰」站步行 3 分鐘
http://www.norohonten.co.jp/　【p.40】

⑩大黑屋鎌餅本舗

〒 602-0803 京都府京都市上京区寺町今出川上ル 4 丁目阿弥陀寺前町 25
TEL ／ 075-231-1495　營業時間／ 8：30 ～ 20：00
公休日／第一、第三個週三
交通方式／從京阪鴨東線「出町柳」站，或地下鐵烏丸線「今出川」站步行 15 分鐘【p.40】

⑪出町雙葉【出町ふたば】

〒 602-0822 京都府京都市上京区出町通今出川上ル青龍町 236
TEL ／ 075-231-1658　營業時間／ 8：30 ～ 17：30
公休日／週二、第四個週三（若遇假日則改休隔日）
交通方式／從京阪鴨東線「出町柳」站步行 5 分鐘【p.109】

【地圖D】 ⑫喜味家【㐂み家】

〒 606-8405 京都府京都市左京区浄土寺上南田町 37-1
TEL ／ 075-761-4127　營業時間／ 10：30 ～ 17：30　公休日／不定休
交通方式／搭乘市巴士至「銀閣寺前」，或「淨土寺」站下車步行 3 分鐘【p.34】

【地圖E】 ⑬La Voiture【ラヴァチュール】

〒 606-8323 京都府京都市左京区聖護院円頓美町 47-5
TEL ／ 075-751-0591　營業時間／ 11：00 ～ 18：00　公休日／週一
交通方式／從京阪鴨東線「神宮丸太町」站步行 15 分鐘，或搭市巴士至「熊野神社前」站步行 5 分鐘【p.46】

多賀大社

〒 522-0341 滋賀県犬上郡多賀町多賀 604
TEL ／ 0749-48-1101　FAX ／ 0749-48-2029
參拜時間／ 9：00 ～ 16：00 寺內可自由參觀
「奥書院庭園」參拜費／ 300 日圓（春秋兩季特別公開 500 日圓）
交通方式／從近江鐵道「多賀大社前」站步行 10 分鐘，或從 JR「彥根」站搭乘巴士至「多賀町役場前」
http://www.tagataisya.or.jp/　【p.165、p.185】

胡宮神社

〒 522-0342 滋賀県犬上郡多賀町敏滿寺 49
TEL ／ 0749-48-0136　寺內可自由參觀
特別公開「石造觀世音立像」　參拜費／ 200 日圓
交通方式／從近江鐵道「多賀大社前」站步行 15 分鐘【p.186】

■餐飲店・商店

【地圖 A】

①山端平八茶屋【山ばな平八茶屋】

〒 606-8005 京都府京都市左京区山端川岸町 8-1
TEL ／ 075-781-5008　FAX ／ 075-781-6482
營業時間／ 11：30 ～ 21：30（午餐入場時間至 14：00、最後入場時間至 19：00）
公休日／週三（可能不定休）
交通方式／從叡山本線「修學院」站步行 5 分鐘，或搭京都巴士至「平八前」
http://www.heihachi.co.jp　【p.85】

②雙鳩堂【双鳩堂本店】

〒 606-8004 京都府京都市左京区山端川端町 11
TEL&FAX ／ 075-781-5262
營業時間／ 9：00 ～ 19：00　公休日／週三
交通方式／在叡山本線「修學院」站下車【p.86】

③現炸・蕎麥鶴【通しあげ そば鶴】

〒 606-8106 京都府京都市左京区高野玉岡町 74
TEL ／ 075-721-2488　營業時間／ 11：30 ～ 14：30、17：30 ～ 22：00
公休日／週一（若遇假日則營業，隔日週二休）
交通方式／從叡山本線「一乗寺」站步行 5 分鐘
http://sobatsuru.web.fc2.com/　【p.133】

④惠文社一乗寺店【恵文社一乗寺店】

〒 606-8184 京都府京都市左京区一乗寺払殿町 10
TEL ／ 075-711-5919　FAX ／ 075-706-2868
營業時間／ 10：00 ～ 21：00（新年假期除外）　公休日／元旦
交通方式／從叡山本線「一乗寺」站步行 3 分鐘、搭市巴士至「高野」站步行 5 分鐘，或「一乗寺高槻町」站即可抵達
http://www.keibunsha-store.com/　【p.81】

⑤三友居

〒 606-8266 京都府京都市左京区北白川久保田町 22-1
TEL ／ 075-781-8600 ※ 須預約
受理預約時間／ 9：00 ～ 18：00　公休日／週三
交通方式／從叡山本線「元田中」站步行 15 分鐘，或搭市巴士至「銀閣寺道」站【p.135】

參拜時間／9：00～17：00（受理至16：30）
參拜費／大人500日圓、國小國中高中生300日圓（大澤池參拜費另外收取200日圓）
交通方式／從JR「嵯峨嵐山」站步行7分鐘、從京福嵐山本線「嵐電嵯峨」站步行20分鐘，或搭乘市巴士或京都巴士至「大覚寺」站下車
https://www.daikakuji.or.jp/ 【p.19】

【地圖M】 **桂離宮**

〒615-8014 京都府京都市西京区桂御園1-1
※ 必須以郵寄明信片或至受理窗口向「宮內廳京都事務所參觀係」申請，始得參觀。詳情請參考宮內廳「參觀介紹」：http://sankan.kunaicho.go.jp
交通方式／從阪急京都線「桂」站步行20分鐘，或搭至市巴士「桂離宮前」步行8分鐘
【p.21】

【地圖P】 **永源寺**

〒527-0212 滋賀県東近江市永源寺高野町41
TEL／0748-27-0016 FAX／0748-27-1055
參拜時間／9：00～16：00
參拜奉獻費／大人500日圓、國中生以下免費
交通方式／搭乘近江鐵道巴士至「永源寺前」步行15分鐘
http://eigenji-t.jp/ 【p.164、p.165】

日登美美術館

〒527-0231 滋賀県東近江市山上町2083
TEL／0748-27-1707 FAX／0748-27-1950
開館時間／10：00～18：00（受理入館至17：00）
休館日／新年假期、其他可能臨時休館入館費／500日圓（國中生以下免費）
交通方式／從近江鐵道「八日市」站搭乘近江鐵道巴士至「山上口」站【p.170】

百濟寺【百済寺】

〒527-0144 滋賀県東近江市百済寺町323
TEL／0749-46-1036 FAX／0749-46-2096
參拜時間／8：00～17：00
參拜費（2015年10月起）／大人600日圓、國中生300日圓、小學生200日圓
交通方式／從近江鐵道「八日市」站搭乘計程車15分鐘（春秋兩季有區間巴士）
http://www.hyakusaiji.jp/ 【p.173、p.174】

金剛輪寺

〒529-1202 滋賀県愛知郡愛荘町松尾寺874
TEL／0749-37-3211 FAX／0749-37-2644
參拜時間／8：30～17：00
參拜費（2015年10月起）／大人600日圓、國中生300日圓、小學生200日圓
交通方式／從JR「稲枝」站搭乘計程車15分鐘即可抵達（有預約制共乘計程車）
http://kongourinji.jp/ 【p.173、p.178】

西明寺

〒522-0254 滋賀県犬上郡甲良町大字池寺26
TEL／0749-38-4008 FAX／0749-38-4388
參拜時間／8：30～16：30
參拜費（2015年10月起）／大人600日圓、國中生300日圓、小學生200日圓
交通方式／從JR「河瀨」站搭乘計程車15分鐘，或從近江鐵道「尼子」站搭乘計程車12分鐘（兩站皆有預約制共乘計程車）
http://www.saimyouji.com/ 【p.173、p.180】

【地圖H】 **安祥院**

〒 605-0864 京都府京都市東山区五条通東大路東入ル遊行前町 560
TEL ／ 075-561-0655
參拜時間／ 8：00 ～ 17：00（冬季受理至 16：00） 參拜費／免費
交通方式／搭市巴士至「五条坂」站步行 5 分鐘即可抵達【p.69】

【地圖I】 **涉成園（枳殼邸）**

〒 600-8505 京都府京都市下京区下珠数屋町通間之町東入ル東玉水町
TEL ／ 075-371-9210
參拜時間／ 9：00 ～ 17：00（11 月～ 2 月至 16：00 止，任何時期皆受理至閉園前 30 分鐘為止）
庭園維持奉獻金／ 500 日圓以上（高中生以下 250 日圓以上）
交通方式／從地下鐵烏丸線「五条」站步行 7 分鐘、從京阪本線「七条」站步行 10 分鐘，或搭市巴士至「烏丸七条」站步行 5 分鐘【p.78】

西本願寺

〒 600-8358 京都府京都市下京区堀川通花屋町下ル
TEL ／ 075-371-5181 FAX ／ 075-371-5241
參拜時間／ 5：30 ～ 17：30（5 月～ 8 月至 18：00 止，11 月～ 2 月至 17：00 止）
交通方式／從「京都」站步行 15 分鐘，或搭市巴士至「西本願寺前」下車
http://www.hongwanji.or.jp/ 【p.95】

【地圖J】 **由岐神社**

〒 601-1111 京都府京都市左京区鞍馬本町 1073
TEL ／ 075-741-1670 FAX ／ 075-741-3220
參拜時間／ 9：00 ～ 16：30 鞍馬寺入山費／ 200 日圓
交通方式／從叡山鞍馬線「鞍馬」站步行 10 分鐘
http://www.yukijinjya.jp/ 【p.50】

【地圖K】 **神護寺**

〒 616-8292 京都府京都市右京区梅ヶ畑高雄町 5
TEL ／ 075-861-1769
參拜時間／ 9：00 ～ 16：00 參拜費／國中生以上 600 日圓、兒童 300 日圓
交通方式／搭乘市巴士至「高雄」站，或 JR 巴士「山城高雄」站步行 20 分鐘
http://www.jingoji.or.jp/ 【p.57、p.227】

高山寺

〒 616-8295 京都府京都市右京区梅ヶ畑栂尾町 8
TEL ／ 075-861-4204 參拜時間／ 8：30 ～ 17：00
石水院參拜費／ 600 日圓 ※ 紅葉時期另外收取入山費 500 日圓
交通方式／從 JR「栂ノ尾」站步行 5 分鐘，或搭市巴士至「高雄」站步行 10 分鐘
http://www.kosanji.com/ 【p.58】

西明寺

〒 616-8291 京都府京都市右京区梅ヶ畑槇尾町 1
TEL ／ 075-861-1770
參拜時間／ 9：00 ～ 17：00 參拜費／大人 500 日圓、國高中生 400 日圓
交通方式／從市巴士「高雄」站步行 10 分鐘，或搭 JR 巴士至「槇ノ尾」站步行 5 分鐘
【p.173、p.180】

【地圖L】 **大覺寺【大覚寺】**

〒 616-8411 京都府京都市右京区嵯峨大沢町 4
TEL ／ 075-871-0071

參拜費／高中生以上 500 日圓、中學生以下 200 日圓
交通方式／從京阪本線「祇園四条」站步行 20 分鐘，或搭市巴士至「祇園」站步行 10 分鐘
http://www.age.ne.jp/x/chouraku/ 【p.217】

【地圖E】 梨木神社

〒 602-0844 京都府京都市上京区寺町通広小路上ル染殿町 680
TEL ／ 075-211-0885 FAX ／ 075-257-2624
參拜時間／ 6：00 ～ 17：00 左右（依季節而異，授與所從 9：00 開始） 參拜費／免費
交通方式／從地下鐵烏丸線「丸太町」步行 20 分鐘、從京阪鴨東線「神宮丸太町」站步行 15 分鐘，或搭市巴士至「府立医大病院前」站步行 3 分鐘
http://nashinoki.jp/ 【p.37】

建仁寺

〒 605-0811 京都府京都市東山区大和大路通四条下ル小松町 584
TEL ／ 075-561-6363
參拜時間／ 10：00 ～ 16：30（11 月 1 日～ 2 月 28 日至 16：00 止）
參拜費／大人 500 日圓、國高中生 300 日圓
交通方式／從京阪本線「祇園四条」站步行 7 分鐘、阪急京都本縣「河原町」站步行 10 分鐘、搭市巴士至「東山安井」站步行 5 分鐘，或「南座前」站步行 7 分鐘
http://www.kenninji.jp/ 【p.58】

【地圖F】 護王神社

〒 602-8011 京都府京都市上京区烏丸通下長者町下ル桜鶴円町 385
TEL ／ 075-441-5458 FAX ／ 075-414-0255
參拜時間／ 6：00 ～ 21：00（祈禱受理 9：00 ～ 16：30）
交通方式／從地下鐵烏丸線「丸太町」步行 7 分鐘，或搭市巴士至「烏丸下長者町」站
【p.57】

【地圖G】 北野天滿宮

〒 602-8386 京都府京都市上京区馬喰町
TEL ／ 075-461-0005 FAX ／ 075-461-6556
參拜時間／夏季（4 月～ 9 月）5：00 ～ 18：00、冬季（10 月～ 3 月）5：30 ～ 17：30
※ 受理時間皆為 9：00 ～ 17：00
寶物殿參拜費／大人 300 日圓、國高中生 250 日圓、兒童 150 日圓（1 月 1 日、12 月 1 日、每月 25 日、4 月 10 日～ 5 月 30 日、賞梅、紅葉季的 9：00 ～ 16：00 開放）
交通方式／從京福北野線「北野白梅町」步行 5 分鐘，或搭市巴士至「北野天滿宮前」站下車
http://www.kitanotenmangu.or.jp/ 【p.87】

平野神社

〒 603-8322 京都府京都市北区平野宮本町 1 TEL ／ 075-461-4450
參拜時間／門內 9：00 ～ 17：00（櫻花季夜間開放）
交通方式／從京福北野線「北野白梅町」步行 10 分鐘，或搭市巴士至「衣笠校前」站步行 3 分鐘
http://www.hiranojinja.com/ 【p.89】

達磨寺【法輪寺】

〒 602-8366 京都府京都市上京区下立売通西大路入ル行衛町 457
TEL ／ 075-841-7878
參拜時間／ 9：00 ～ 16：30（受理至 16：00）
參拜費／高中生以上 300 日圓、國中生 200 日圓、兒童 100 日圓（6 歲以下免費）
交通方式／從 JR「円町」站步行 5 分鐘，或搭市巴士至「西ノ京円町」站步行 5 分鐘【p.95】

【地圖C】 **裏千家茶道綜合資料館【裏千家茶道総合資料館】**

〒 602-0073 京都府京都市上京区堀川通寺之内上ル寺之内竪町 682 裏千家中心内
TEL ／ 075-431-6474
開館時間／ 9：30 ～ 16：30（受理入館至 16：00）※ 茶道體驗須預約
休館日／週一、新年假期、展覽準備期間
入館費（常設展）／一般 700 日圓、大學生 400 日圓、國高中生 300 日圓
交通方式／從地下鐵烏丸線「鞍馬口」站步行 15 分鐘，或搭市巴士至「堀川寺ノ内」
http://www.urasenke.or.jp/ 【p.60】

妙覺寺【妙覚寺】

〒 602-0007 京都府京都市上京区上御靈前通小川東入下清蔵口町 135
TEL ／ 075-441-2802
寺內可自由參觀（本堂、庭園參拜時間：9：00 ～ 16：30，大人 500 日圓）
交通方式／從地下鐵烏丸線「鞍馬口」站步行 4 分鐘，或搭市巴士至「天神公園前」站步行 5 分鐘【p.91】

裏千家今日庵

〒 602-8688 京都府京都市上京区小川寺之內通上ル本法寺前町 613
※ 一般不對外開放
交通方式／從地下鐵烏丸線「鞍馬口」站步行 15 分鐘，或搭市巴士至「堀川寺ノ內」【p.94】

上賀茂神社【賀茂別雷神社】

〒 603-8047 京都府京都市北区上賀茂本山 339 TEL ／ 075-781-0011
參拜時間／ 10：00 ～ 16：00 參拜費／免費（本殿權殿特別參拜費 500 日圓）
交通方式／從地下鐵烏丸線「北大路」或「北山」站搭計程車 5 分鐘、搭市巴士或京都巴士至「上賀茂神社前」站
http://www.kamigamojinja.jp/ 【p.19、p.77、p.114】

【地圖D】 **銀閣寺【慈照寺】**

〒 606-8402 京都府京都市左京区銀閣寺町 2 TEL ／ 075-771-5725
參拜時間／夏季（3 月 1 日～ 11 月 30 日）8：30 ～ 17：00、冬季（12 月 1 日～ 2 月底）9：00 ～ 16：30
參拜費／高中生以上 500 日圓、中小學生 300 日圓
交通方式／搭乘市巴士至「銀閣寺前」站步行 5 分鐘，或至「銀閣寺道」站步行 10 分鐘
www.shokoku-ji.jp/ginkakuji 【p.28】

平安神宮

〒 606-8341 京都府京都市左京区岡崎西天王町 97
TEL ／ 075-761-0221
參拜時間／ 6：00 ～ 18：00（2 月 15 日～ 3 月 14 日以及 10 月份，每天參拜時間至 17：30 為止；11 月～ 2 月 14 日則是到 17：00 為止） 免費參拜
神苑參拜／ 8：30 ～ 17：30（3 月 1 日～ 14 日以及 10 月份到 17：00 為止；11 月～ 2 月則是到 16：30 為止） 神苑參觀費用／大人 600 日圓、兒童 300 日圓
交通方式／從地下鐵東西線「東山」站步行 10 分鐘，或搭市巴士至「岡崎公園美術館平安神宮前」站
http://www.heianjingu.or.jp/ 【p.41】

長樂寺【長楽寺】

〒 605-0071 京都府京都市東山区円山町 626
TEL ／ 075-561-0589 FAX ／ 075-561-8550
參拜時間／ 9：00 ～ 17：00 公休日／週四（特別參拜中除外）

【附錄】本書主要寺廟・商店・住宿資訊

※ 營業時間、休假日、價格等資訊皆有可能變動，出發前請務必確認最新消息。部分景點需要事前預約。另外，大學內的設施有可能長期歇業，請務必詳加注意。
※ 原則上依照卷末地圖（p.250 ～ p.265）的順序記載。各項資料最後的【頁數】可對應正文之頁數。

■寺廟 ・ 觀光景點

【地圖A】

八神社

〒 606-8402 京都府京都市左京区銀閣寺町 26
TEL ／ 075-771-5159　可自由參拜
交通方式／從市巴士「銀閣寺前」站步行 6 分鐘，或「銀閣寺道」站步行 10 分鐘【p.70】

鷺森神社

〒 606-8061 京都府京都市左京区修学院宮ノ脇町 16
TEL ／ 075-781-6391　可自由參拜
交通方式／從叡山本線「修學院」站步行 10 分鐘，或搭市巴士至「修學院道」站步行 10 分鐘【p.81】

一乗寺下松【一乗寺下り松】

※ 請參考下述「八大神社」【p.82】

八大神社

〒 606-8156 京都府京都市左京区一乗寺松原町 1
TEL ／ 075-781-9076　FAX ／ 075-721-4499　可自由參拜
交通方式／從叡山本線「一乗寺」站步行 10 分鐘，或搭市巴士或京都巴士至「一乗寺下り松町」站步行 7 分鐘【p.83】

詩仙堂

〒 606-8154 京都府京都市左京区一乗寺門口町 27
TEL ／ 075-781-2954　FAX ／ 075-721-9450
參拜時間／ 9：00 ～ 17：00（受理入場至 16：45）※5 月 23 日一般參拜休館
參拜費／大人 500 日圓、高中生 400 日圓、中小學生 200 日圓
交通方式／從叡山本線「一乗寺」站步行 10 分鐘，或搭市巴士至「一乗寺下り松町」步行 7 分鐘【p.83】

【地圖B】

常林寺

〒 606-8204 京都府京都市左京区川端通今出川上ル田中下柳町 33
TEL ／ 075-791-1788　參拜時間／ 9：00 ～ 16：00　免費參拜
交通方式／從京阪鴨東線「出町柳」站步行 3 分鐘，或在市巴士或京都巴士「出町柳站前」站下車【p.38】

下鴨神社（賀茂御祖神社）

〒 606-0807 京都府京都市左京区下鴨泉川町 59
TEL ／ 075-781-0010　FAX ／ 075-781-4722
參拜時間／夏季 5：30 ～ 18：00、冬季 6：30 ～ 17：00
大炊殿參拜／ 10：00 ～ 16：00　參拜費／國中生以上 500 日圓、小學生 250 日圓
交通方式／從京阪鴨東線「出町柳」站步行 10 分鐘，或搭市巴士至「下鴨神社前」步行 5 分鐘
http://www.shimogamo-jinja.or.jp/　【p.77、p.100】

生活文化78

京都：秋季遊

おひとり京都の秋さがし

作　者—柏井壽
譯　者—柯依芸
責任編輯—陳萱宇
主　編—謝翠鈺
行銷企劃—陳玟利
封面設計—江孟達
美術編輯—菩薩蠻數位文化有限公司

董事長—趙政岷
出版者—時報文化出版企業股份有限公司
108019台北市和平西路三段二四〇號七樓
發行專線—（〇二）二三〇六六八四二
讀者服務專線—〇八〇〇二三一七〇五
（〇二）二三〇四七一〇三
讀者服務傳真—（〇二）二三〇四六八五八
郵撥—一九三四四七二四時報文化出版公司
信箱—一〇八九九 台北華江橋郵局第九九信箱

時報悅讀網—http://www.readingtimes.com.tw
法律顧問—理律法律事務所 陳長文律師、李念祖律師
印　刷—勁達印刷有限公司
二版一刷—二〇二三年八月十八日
定　價—新台幣三八〇元
缺頁或破損的書，請寄回更換

時報文化出版公司成立於一九七五年，
並於一九九九年股票上櫃公開發行，於二〇〇八年脫離中時集團非屬旺中，
以「尊重智慧與創意的文化事業」為信念。

京都：秋季遊 / 柏井壽作；柯依芸譯. -- 二版. – 台北市：時報文化出版企業股份有限公司, 2023.08
面；　公分. -- (生活文化；78)
譯自：おひとり京都の秋さがし
ISBN 978-626-353-972-3 (平裝)

1.CST: 旅遊　2.CST: 日本京都市

731.75219　　112008701

ISBN 978-626-353-972-3
Printed in Taiwan